经管类应用型本科人才培养实训系列教材

贺雪荣 主 编
李 炜 副主编

跨专业企业经营仿真实验教程

Kuazhuanye Qiye Jingying Fangzhen Shiyan Jiaocheng

东北财经大学出版社
Dongbei University of Finance & Economics Press
大 连

图书在版编目（CIP）数据

跨专业企业经营仿真实验教程 / 贺雪荣主编. —大连 ：东北财经大学出版社，2019.1（2020.1重印）
（经管类应用型本科人才培养实训系列教材）
ISBN 978-7-5654-3368-9

Ⅰ. 跨… Ⅱ. 贺… Ⅲ. 企业经营管理-高等学校-教材 Ⅳ. F272.3

中国版本图书馆CIP数据核字（2018）第281311号

东北财经大学出版社出版
（大连市黑石礁尖山街217号 邮政编码 116025）
网 址：http：//www.dufep.cn
读者信箱：dufep@dufe.edu.cn

大连图腾彩色印刷有限公司印刷 东北财经大学出版社发行

幅面尺寸：205mm×285mm 字数：316千字 印张：11.75
2019年1月第1版 2020年1月第2次印刷

责任编辑：李 栋 郭海雷 责任校对：贺 力
封面设计：冀贵收 版式设计：钟福建

定价：34.00元

教学支持 售后服务 联系电话：（0411）84710309
版权所有 侵权必究 举报电话：（0411）84710523
如有印装质量问题，请联系营销部：（0411）84710711

教材编写委员会

主　编： 贺雪荣

副主编： 李　炜

委员：（以姓氏拼音为序）

陈佳莉　黄婉霞　贺雪荣　贾文博　鲁碧英　李　炜　刘艳隆

李左声　孙士伟　王道勇　王克涛　肖　姝　庄文仲

前　言

随着社会经济快速发展，高等教育本科人才培养呈现出如下特点：一是人才数量需求不断增加，二是人才质量要求不断提高。人才质量要求，主要体现在对应用型、复合型、创新型人才的需求上。毫无疑问，这种人才需求的状况对各大高校而言是个挑战。这就需要加快经管类专业学生的实验教学改革步伐。“跨专业企业经营仿真实训”是一门在模拟市场环境下以相关专业理论与技能为基础，以现代信息技术为支撑，以团队运作为组织形式，以学生为主体在模拟市场环境下按企业业务流程和规则开展规模化仿真运营的实践教学课程。

本书具有以下特色：

（1）以学生为中心，以“企业工作岗位”为载体，构建了涵盖企业、市场、资本运作各个方面，供产销各个环节，微观、中观、宏观各个层面，贴近社会经济现实、贴近市场现实、贴近企业现实的跨专业企业经营仿真训练环境。

（2）以“岗位工作流程”为导向，采用流程化的实验教学模式，注重实践性和实用性，便于学生有针对性地进行学习及较快地适应社会工作岗位。

（3）注重课程在人才培养中的地位与作用，以“能力本位”为宗旨，注重工学结合，充分体现应用能力、创新创业能力的培养。

本书分为四部分，分别为实习规则、实习岗位、实习活动和成绩考核。其中，实习规则部分按实习三大组织（即生产商、渠道商和外围机构）进行实习规则介绍；实习岗位部分介绍各个实习岗位的业务工作流程及与实习相关的知识点、需提交的成果等；实习活动建议部分介绍在实习过程中组织的相关课内活动方案；成绩考核部分则介绍对实习人员实习成绩评定的具体办法。

本书由广东白云学院负责综合仿真实习平台的部分教师，根据多年的实习指导经验编写而成。具体分工如下：贺雪荣编写了本书大纲并设计了全书整体框架，负责撰写第一部分和第四部分，并最终对稿件进行定稿；黄婉霞、贾文博、刘艳隆、鲁碧英、孙士伟、王道勇、王克涛、肖姝、庄文仲负责编写第二部分；李左声负责编写第三部分；陈佳莉负责对全书内容进行整体调整与修改，由李炜负责教材的框架、内容审核及校正。

本书在编写过程中，得到了广东白云学院各位领导的大力支持，尤其是广东白云学院会计学院李炜副院长提出了许多宝贵的指导意见，在此表示衷心的感谢！

本书适合作为高等院校本科经管类专业的综合仿真实习、实验的指导教材，也可作为企业的培训教材。

虽然全体编写人员拥有多年的指导经验，书稿也反复进行了修改与完善，但由于作者水平有限，难免有疏漏之处，敬请专家、同行和广大读者批评指正，以便我们不断改进。

编　者

2018年11月

目　录

第一部分　实习规则

第三部分　实习活动

第四部分　成绩考核

第一部分　实习规则

跨专业企业经营模拟综合训练平台设计，作为教学改革深入实验实践教学工作的重要环节，旨在模拟和构建一个纵向包括产品设计与研发、样品建模与制作、原材料分解与采购、产品生产与制造、成品营销与推广、物资仓储与运输、人才招聘与培养等环节的完整的供应链体系，横向推演多年的经营活动周期，让艺术、机电工程、经济管理、计算机等不同学科专业数百名学生在同一仿真实习平台上密切合作、各尽其责，通过亲身实验与实践活动共同演绎企业经营环境，真正实现具有创新意识与能力的应用型、复合型本科人才培养目标。各学科任务构成见表1-1。

表1-1　**跨专业企业经营模拟综合训练平台各学科任务构成表**

学科类型	构思	设计	实施	运作
艺术	需求与功能	构图与制作	材料分解	产品市场化
机电工程	需求与功能	原型建模	材料分解	产品市场化
经济管理	制定战略	编排计划	资源配置	运营管理
计算机	网站定位	模块功能	网站建设	服务与维护

跨专业企业经营模拟综合训练拟以8种同类产品作为实习素材。8种同类产品之间存在产品特性、质地档次、材料构成、制造工艺等方面的差异，可满足不同地区、不同购买力的消费者的需求。以服装产品设计为例，为了能够更好地支持综合仿真实习平台的运作，8种服装产品的生产要素需求及指导价格设计将依据表1-2进行参数设定，参数值尽可能与服装设计理念相贴近。

表1-2　**产品生产要素需求及指导价格（出厂价与零售价均为不含税价格）**

产品编号	质地档次	材料与耗量（米^2）	出厂指导价	零售指导价
P1	低档	涤纶2.2、黏胶0.2、棉0.2	86.5元	133元
P2		腈纶2、黏胶0.2、麻混纺0.3	87.3元	134元
P3	中档	棉2.3、麻混纺0.3、氨纶0.2	150元	231元
P4		麻2、高档混纺0.2、黏胶0.2	149元	229元
P5		氨纶2.1、黏胶0.1、棉0.3	148元	227元
P6	高档	高档混纺2.3、麻0.2、黏胶0.1	210元	323元
P7		羊毛尼2.1、真皮0.3、氨纶0.1	211元	325元
P8		真丝2、氨纶0.2、真皮0.2	213元	330元

出厂指导价与零售指导价均为人民币价格，生产商与渠道商发生进出口业务时，应将出厂指导价按照现行汇率水平进行折算，填写相应外贸业务单证。渠道商在国外区域市场销售商品，直接以人民币零售指导价计算，即外汇汇率仅作为外贸业务的支撑数据。无论生产商还是渠道商，在会计核算、报表编制时均使用人民币作为记账本位币。

第1章

生产制造商业务规则

生产制造企业设置遵循专业城镇布局，即所有生产制造企业位于广东一地，原材料产地分散在全国，产品的消费者群体位于世界各大洲。各生产制造企业分设CEO、财务部门、生产部门、采购部门、营销部门和人力资源部，各部门根据工作业务量，配置1~3名相关专业学生，部门间各尽其职彼此协作，共同完成高度仿真的连续6年企业运作过程；各生产制造企业间在科学设定的宏观经济环境参数下，制定和选择发展战略，树立核心竞争优势，相互竞争，最终对其经营能力进行综合评价。

1.1 生产制造企业组织架构及人员安排

生产制造企业组织架构及人员安排（见表1-3）。

表1-3　生产制造企业组织架构及人员安排表

部门	职位	主要职责	姓名	专业
行政部	CEO	制定发展战略、企业章程等		
	行政秘书	信息管理、部门协调		
财务部	CFO	编制预算、筹资、投资决策		
	会计主管	会计核算、登记账簿、报表		
	财务助理	辅助会计、财务工作		
生产部门	生产主管	生产预算、生产排程、作业管理		
采购部门	采购主管	原材料采购计划、合同、预算		
	物流主管	仓储管理、运输排程、预算		
营销部门	市场总监	营销规划、客户管理、合同		
人力资源部	人事主管	招工计划、薪酬分配、培训		

1.2 生产制造企业运营流程

生产制造企业运营流程可概括为11个环节，其相互逻辑关系如图1-1所示。针对最终消费者进行市场预测，与品牌渠道商协商，获取销售订单；通过采购管理和库存管理保证原材料要素及时、充足供应；通过精心设计生产排程进行生产制造，完成订单；通过快速响应式的运输管理、销售管理，满足下游品牌零售商和最终消费者的各项需求。上述所有环节均涉及会计核算与成本控制、相关信息经过传递与集成，最终服务于战略决策。

为了能够通过较短的仿真实习尽可能地模拟更长的厂商运营过程，生产制造企业的订单、原材料采购计划、生产线引进与建设等，均以季度为最小经济周期。

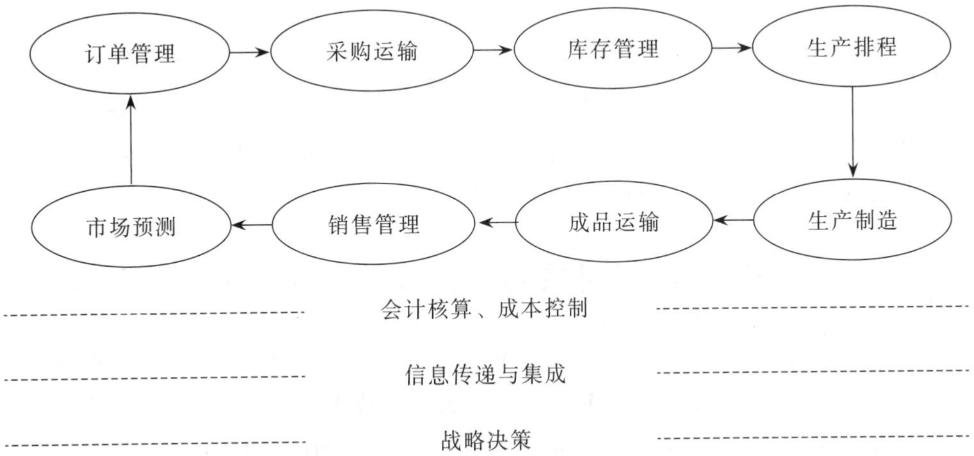

图1-1 生产制造企业运营流程

1.3 生产商与渠道商之间的关系及订单的获取

原材料与设备供应商、生产制造商（简称生产商）、品牌渠道商（简称渠道商）、最终消费者展现为从上至下的供应链关系。在本综合仿真实验平台设计上，生产制造商与品牌渠道商由学生组队担任，而原材料与设备供应商、最终消费者作为系统参数，直接赋予或由教师根据要求进行调整。

将生产制造商和品牌渠道商联系起来的是订单，各个品牌渠道商直接面对消费者，根据商品市场容量及市场拓展情况，确定各种产品在各区域市场及各时段的订单需求表，生产制造商通过设定价格折扣、收款方式、供货响应速度等与品牌渠道商洽谈，获取单笔或数笔订单。品牌渠道商订单发布见表1-4。

表1-4　**品牌渠道商第__年第__季度订单发布表**

订单号	产品种类	区域市场	数量	最高单价	交货期限
11P101					
11P201					

各渠道商季度初期发布本季度订单，每张订单的最后交货期不得超过次季度季末。各品牌渠道商订单合并编表，通过信息公布栏向所有生产制造商发布。信息公布栏“品牌渠道商第__年第__季度订单发布表”不透露品牌渠道商名称。

各生产制造商阅读“第__年第__季度订单发布表”，根据自身生产能力、原材料存储调度、员工队伍情况，响应订单需求，并在信息公布栏汇总发布“生产制造商订单响应汇总表”，见表1-5。

表1-5　**生产制造商订单响应汇总表**

订单号	供货厂商	可交货数量	供货单价	收款条件	最短交货时间
11P101	生产商A				
	生产商C				

对于生产商交货数量合计超出品牌渠道商订单购货数量的订单，品牌渠道商可根据生产商所提出的可交货数量、供货单价、收款条件、最短交货时间等条件，做出供货商选择。在生产商交货数量合计小于品牌渠道商订单购货数量时，为满足订单需求，品牌渠道商可再发布一次订单，但必须承担增加交易成本的损失，即交付订单款总额2%的信息发布费。

为保证产品市场的公正与公平，原则上不允许品牌渠道商联手控制某产品的订单，亦不允许生产制造商联手抬高产品供货价格，更不允许品牌渠道商与生产制造商暗中勾结，排斥异己。对于此种垄断行为，经举报查实，将对违反市场规则的厂商处以相关订单款总额5%~20%不等的罚金，并将罚金的30%作为奖励发给举报企业。

确立订单交易的生产商与渠道商须拟订并签署购销合同，合同中对于延期交货、延期付款等违约行为，应确定违约金额度（根据违约程度的不同，罚金设定为订单合同金额的2%~5%），列入合同条款并遵照执行。违约行为及次数，还将影响到该企业业绩考核评分。

1.4 原材料采购、物流与库存管理

生产制造企业为保障订单生产，必须按照生产排程设定采购计划、物流计划与库存调度，一方面保证生产环节的原材料供应充足，另一方面尽可能降低采购成本、物流成本与仓储成本。为此，生产制造企业必须合理规划原材料采购批次，确定每批采购数量，选择适当的物流运输工具，将原材料仓储量控制在安全水平。原材料采购、物流与库存管理流程如图1-2所示。

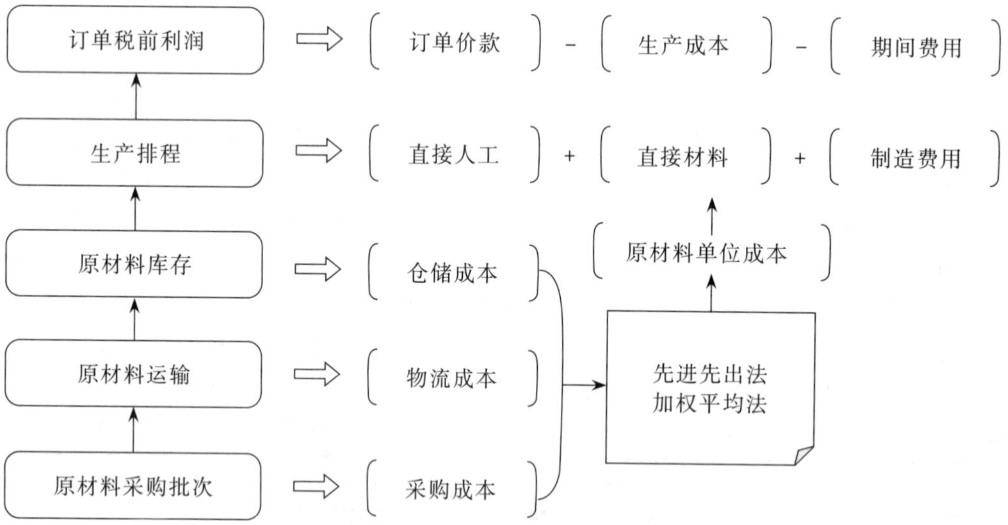

图1-2 原材料采购、物流与库存管理流程示意图

1.4.1 原材料市场及原材料单位价格确定

1. 原材料种类、区域、价格，见表1-6。

表1-6 原材料种类、区域、价格表

序号	种类	产地	季产量（米^2）	基准价格（元/米^2）
1	涤纶牛津	当地	1 738 800	9
		邻省	2 608 200	8.9
		远省	4 347 000	8.8
2	黏胶	当地	371 952	15
		邻省	557 928	14.9
		远省	929 880	14.8
3	腈纶	当地	1 512 000	11
		邻省	2 268 000	10.9
		远省	3 780 000	10.8

续表

序号	种类	产地	季产量（米²）	基准价格（元/米²）
4	麻（亚麻混纺）	当地	1 285 200	28
		邻省	1 927 800	27.9
		远省	3 213 000	27.8
5	棉布	当地	1 457 568	25
		邻省	2 186 352	24.9
		远省	3 643 920	24.8
6	氨纶复合	当地	1 262 131	30
		邻省	1 893 197	29.9
		远省	3 155 328	29.8
7	高档混纺	当地	1 029 888	45
		邻省	1 544 832	44.9
		远省	2 574 720	44.8
8	羊毛尼	当地	783 821	50
		邻省	1 175 731	49.9
		远省	1 959 552	49.8
9	真丝布料	当地	746 496	58
		邻省	1 119 744	57.9
		远省	1 866 240	57.8
10	真皮	当地	149 299	100
		邻省	223 949	99.9
		远省	373 248	99.8

2. 原材料基准价格浮动规则。

某地某类原材料价格浮动与供求状况的配比情况见表1-7。

表1-7 **原材料价格浮动与供求状况配比表**

序号	供求比	价格浮动系数
1	供求比<0.5	下浮10%
2	0.5≤供求比<0.7	下浮5%
3	0.7≤供求比<0.8	基准价格
4	0.8≤供求比<0.9	上浮5%
5	0.9≤供求比<1	上浮10%
6	供求比≥1	本省基准价上浮20%

3. 原材料采购总量、批次规模与商业折扣规则。

生产商每季度初提交一次原材料采购清单。按照各生产商采购清单发布时间的先后顺序，确定累计的采购量占总供给比例，并确定每家生产商采购某原材料的采购价格。季度采购量可要求安排多批次购买和发货。对于任一种原材料，企业采购总量与单位批次如达到一定规模，可享受商业折扣优惠（见表1-8）。

表1-8　原材料采购条件、比例与商业折扣

序号	条件	比例	商业折扣
A	采购总量/当地季产量	20%~50%	0.1%
		50%以上	0.2%
B	单位批次/当地季产量	10%~20%	0.1%
		20%~50%	0.2%
		50%以上	0.3%
享受商业折扣合计		A+B	

注：原材料每季度产出一次，不考虑生产周期对供货的影响。

4.当两家或两家以上对同一地区同一材料的采购订单总量超出当地季度产量时，按各厂家订单数量占总订单数量之比进行分配。订单的不足部分自动从其他区域产地调配。

当全部买家季度总采购量超出该材料总供给限额时，超出部分作为超限额配给，采购价格按照基准价格上浮20%。

5.原材料单位采购价格确定公式：

某原材料单位采购价格=基准单价×（1±供求浮动系数）×（1-商业折扣系数）

6.恶意原材料囤积行为将受到惩罚，仓储任一种原材料的最大数量为其拥有全部生产线3个季度的最大产能所需理论原材料数量。超出此数量的原材料须以进价的80%退回产地。

7.为简化操作，加工过程耗费水、电、油等各种能源及辅助材料不做类别细分，亦无须采购、运输与仓储，在生产制造环节，直接按照耗费主要原材料成本的2%计价，进行成本核算，计入水电费开支。

1.4.2　原材料运输价格

各种布料的体积重量存在较大差异，为简化计算过程，假定所有布料的规格均为200克/米^2，即每平方米布料重200克，门幅均为1.5米，每卷50米，净重15千克，包装后毛重18千克。每20卷约占1立方米容积。

原材料运输可采取外包第三方物流公司或本企业自建车队运输两种方式，两种方式耗费运费有所差异。

1.不同运输工具的运输数量（见表1-9）

表1-9　不同运输工具的运输数量表

运输工具	公路	铁路	航空
货柜标准	20尺货柜	40尺货柜	AMA
单位货柜容量	500卷	1 000卷	125卷

注：AMA为空运标箱，体积约为20尺货柜的四分之一，即可容纳125卷布料。

2.外包第三方运输费用（见表1-10）

3.自建车队运输费用

自建车队运输费用包括两部分：一是购置运输车辆与固定资产的折旧费用；二是运输相关变动成本。相关参数如下：

表1-10　**外包第三方运输费用表**　单位：元

序号	地区	运输方式	运输时长	单柜单日运费	小计
1	省内	公路	2日	1 000	2 000
2		公路加急	1日	5 000	5 000
3	邻省	公路	3日	1 000	3 000
4		公路加急	2日	3 000	6 000
5	远省	公路	6日	1 000	6 000
6		铁路	3日	5 000	15 000
7		航空	1日	20 000	20 000
8	港口	公路	1日	1 000	1 000

运输车辆每辆售价为30万元，按10年直线法计提折旧，残值为0；

运输车辆可转让，转让价格为折余价值的70%~110%，通过拍卖进行；或直接以折余价值70%出售给虚拟市场。

运输变动成本为700元/货柜·天（人工400元、油料300元）。

自建车队运输费用见表1-11。

表1-11　**自建车队运输费用**　单位：元

序号	地区	运输方式	运输时长	单柜单日运费	小计
1	省内	公路	2日	700	1 400
2	邻省	公路	3日	700	2 100
3	远省	公路	6日	700	4 200
4	港口	公路	1日	700	700

1.4.3　原材料仓储方式及成本

原材料仓储可选择向第三方租赁仓库和自建仓库两种方式，仓库种类、容量与效能情况见表1-12。

表1-12　**仓库种类、容量与效能表**

序号	指标	平房仓库	楼房仓库	立体货架仓库
1	自动化程度	无	半机械化	机械自动化
2	最大容量（立方米）	5 000	10 000	15 000
3	存储费（元/米^3·日）	1	0.5	0.5
4	备料出库时间（天）	2	1	即时
5	建筑成本（万元）	300	770	1 100
6	建设工期（季度）	1	2	3
7	折旧年限（年）	20	50	50
8	残值（万元）	30	70	100
9	租赁价格（万元/季）	6	15	24

注：备料出库时间实际上延长了原材料的仓储时间，即已经入库的原材料必须增加在库天数，方能完成备料，投入生产环节。

存储费按照实际存放货物的体积数计算，空闲部分不计费。

原材料每20卷占用仓库空间1立方米；产成品每100件/箱，占用仓库空间1立方米。

1.5 生产排程与制造环节

1.生产线种类及要求

受实验环境限制，生产排程设定相对于实际服装成衣厂家略显简单。服装裁剪、缝纫、后整、包装等工序在实际生产中会使用不同的专业设备，实验中被简化为一套生产线，流程简化的优点在于减少学生的重复劳动，令较少的生产部门实习人员可模拟较长周期的生产运作。生产线种类及要求见表1-13。

表1-13 生产线种类及要求

产品号	生产线种类	配工层次及人数	生产能力	备注
P1	手工生产线 半自动生产线Ⅰ	初50人或中40人	25件/小时	
P2		初60人或中45人	35件/小时	
P3	半自动生产线Ⅰ 半自动生产线Ⅱ 全自动生产线Ⅰ 柔性生产线	初60人或中45人	30件/小时	
P4		初60人或中50人	35件/小时	
P5		中40人或高33人	38件/小时	
		中50人或高40人	40件/小时	
P6	全自动生产线Ⅰ 全自动生产线Ⅱ 柔性生产线	中40人或高30人	35件/小时	
P7		中40人或高30人	40件/小时	
P8		中50人或高40人	48件/小时	

注：配工人数为生产线运行所需的在岗技工数。若生产线日运行超过8小时，或周六、日工作，均须安排加班或增加技工数量。

柔性生产线针对不同产品的生产转换零成本零耗时，其他系列生产线进行转换产品生产，须停工2日做相应调整和准备，每次转换生产产品类别，还须支付5 000元产品线调试费。

生产线正常负荷为16小时/日，每超出1小时/日，增加额外维修费300元/工时，生产线的最大工作时间为20小时/日。

2.生产排程要点（见表1-14）

表1-14 生产排程要点

订单号	产品种类	备料时间	生产线编号	开工时间	总工时	日工时	配备工种

3. 生产线设备相关规则

手工生产线使用寿命为10年，其他生产线设备使用寿命为15年，直线法计提折旧。厂商可按当前设备折余价值80%的价格随时出售生产线，亦可将生产线转让或租赁给其他团队，协议价格可在折余价值的80%~120%浮动，季度租金可按该设备季度折旧额的300%~380%浮动，具体金额由买卖或承租方协商或竞价决定。

生产线转换厂家，须占用1个季度安装调试。如第一季度转让或租赁，第三季度才能在新厂开工生产。

每一条生产线只允许转让或租赁一次，被转让方和承租方必须实际持有并使用该设备1年或更长时间，才能以折余价值80%出售或退回原厂。自行研发的半自动生产线Ⅱ、全自动生产线Ⅱ、柔性生产线不能在厂商之间转让，只能以折余价值80%的价格卖给虚拟的市场主体。

4.生产线价格、研发升级与升级条件（见表1-15）

表1-15　生产线价格、研发升级与升级条件

生产线类别	售价（万元）	允许研发时间	研发费用（万元/季）	研发期（季）	可升级为	改造期/建设期（季）	建设费用（万元/条）
手工生产线	500	—	—	—	—	—	—
半自动生产线Ⅰ	1 000	至少持有1年或以上	20	3	半自动生产线Ⅱ	1	200
全自动生产线Ⅰ	1 500	至少持有1年	30	3	全自动生产线Ⅱ	1	300
柔性生产线	—	第三年第一季度	100	4	—	1	2 000

注：半自动生产线Ⅰ和全自动生产线Ⅰ升级至Ⅱ，拥有该类生产线且至少持有1年，方能投入研发费用进行升级。例如某生产商的第一条半自动生产线Ⅰ是第二年1季度购入，则持有至第三年1季度开始进入为期3季度的研发期，直至第三年4季度可对所拥有的半自动生产线Ⅰ进行改造，第四年1季度升级后的半自动生产线Ⅱ投产运营。柔性生产线研发期满后，可花费每条2 000万元成本建设多条。

5.厂房租赁价格

厂房一律采用租赁方式，每月租金10万元。每间厂房容纳四条生产钱。厂房租赁费每季度结算一次。

1.6 产成品仓储与运输

生产商每一笔订单加工完毕后，集中发货给渠道商。在订单产品发货前，陆续生产出的产成品须送至仓库存储，包装好的产成品按照体积而非重量计算仓储费与运费，具体规则如下：

1.产成品体积与仓储

生产商发配服装前仅作简单包装，每100件为一箱，体积约为1米^3。仓储费用标准见表1-16。

表1-16　仓储费用标准

序号	指标	平房仓库	楼房仓库	立体货架仓库
1	自动化程度	无	半机械化	机械自动化
2	最大容量（米^3）	5 000	10 000	15 000
3	存储费（元/米^3·日）	1	0.5	0.5
4	租赁价格（万元/季度）	6	15	24

注：产成品与原材料可使用相同仓库，仓储空间共享。

2.产成品运输方式

生产商与渠道商之间签订合同，国内运输费用由生产商支付；国际贸易采取离岸价格，生产商支付厂—码头或厂—机场运费，其余运费由渠道商支付。外包第三方运费标准见表1-17。

生产商亦可选择自建仓库与车队的方式，进行产成品的储存和运输。若自建车队运输，每日每标箱运输费用700元，运输时长与外包方式相同。标准集装箱容量为25米^3。

产成品外销，运送至港口等待集中发货，每日每标箱堆存费加上租箱费合计仓储租金20元。

表 1-17 **外包第三方运费标准** 单位：元

序号	运输要求	运输方式	运输时长	单柜单日运费	小计
1	厂—码头	公路	1日	1 000	1 000
2	厂—机场	公路	1日	250/AMA	250
3	码头—码头	国内海运	5日	50	250
4		至亚洲海运	6日	100	600
5		至欧洲海运	15日	100	1 500
6		至美洲海运	10日	100	1 000
7		至大洋洲海运	8日	100	800
8	机场—机场	国内空运	1日	10 000/AMA	10 000
9		至亚洲空运	1日	12 000/AMA	12 000
10		至欧洲空运	1日	30 000/AMA	30 000
11	机场—机场	至美洲空运	1日	30 000/AMA	30 000
12		至大洋洲空运	1日	20 000/AMA	20 000

1.7 生产商人力资源

1. 员工种类与标准薪酬（见表 1-18）

表 1-18 **员工种类与标准薪酬**

序号	员工种类		标准薪酬	加班费标准	备注
1	高级管理		自定	不加班	总额不低于5万元/月
2	技工	初级	2 000元/月	25元/小时	
3		中级	2 500元/月	30元/小时	
4		高级	3 000元/月	35元/小时	
5	管理人员		2 500元/月	不加班	不小于技工5%
6	营销人员		1 000元/月	不加班	销售额提成1%

生产商员工薪酬的其他说明：

（1）一般管理人员不少于技术工人数的1/20，最少需10人。

（2）营销人员底薪1 000/月，提成为销售额的1%，每位营销人员最高销售额每季度不超过90万元。

（3）技术工人在每月8×22小时工作日外的时间安排用工，日工作时间超过8小时或月工作时间超过176小时，即算作加班。每位技术工人每月累计最长加班时间不超过176小时。

（4）企业须以员工的基本薪酬为标准支付养老保险、住房公积金、医疗保险。标准分别为：养老保险个人支付比例为8%，公司缴纳比例为12%；住房公积金个人支付比例为10%，公司缴纳比例为10%；医疗保险个人支付比例为2%，公司缴纳比例为10%。此外，企业单独按照员工基本薪酬的3%缴纳失业保险、工伤保险及生育保险。

（5）月基本薪酬与加班费之和，超过5 000元须缴纳个人所得税，标准按照国家现行规定执行。

2.员工招聘、培训与晋级

（1）人员招聘需要周期，前一季度招人当季度培训，次季度上岗。

（2）已经聘用的员工聘期至少为1年，聘期内解聘工人必须支付6个月补偿金。

（3）岗前培训费为受聘人员月薪的50%，岗位熟练度等级提升培训须支付月薪酬2倍的培训费，培训后次季度可以按新技术等级上岗。

（4）每一次公开发布招聘信息广告，须支付广告费5 000元。

（5）为缩短新建企业的投产周期，企业开设首季度按需要招聘的员工，无须培训，当季度即可投入工作。

第2章

渠道商业务规则

品牌渠道商联结生产制造商和最终消费者，其产业链价值在于营销，在于最大限度地挖掘各种产品的区域市场，扩大市场占有率，增强与生产商的议价能力，并从中谋取最大利润。

2.1 品牌渠道商组织架构及人员安排

品牌渠道商组织架构及人员安排见表2-1。

表2-1 品牌渠道商组织架构及人员安排表

部门	职位	主要职责	姓名	专业
行政部	CEO	制定发展战略、店铺布局等		
	行政秘书	信息管理、部门协调		
财务部	CFO	编制预算、筹资、投资决策		
	会计主管	会计核算、登记账簿、报表		
采购部门	采购主管	采购计划、订单管理、议价		
物流部门	物流主管	仓储管理、运输排程、预算		
营销部门	市场总监	区域市场销售计划、价格策略		
	营销策划	产品营销策划案、CI、广告		

2.2 品牌渠道商运营流程

相对于生产制造商而言，品牌渠道商的业务流程显得更加简单，赚取买卖差价是其利润的主要来源。在综合仿真实习平台上，每一家品牌渠道商均要面对五大消费市场，采取适当的营销策略和广告投入，将潜在消费市场转变为现实消费市场，并不断扩大自身在现实消费市场上的占有率，成为品牌渠道商的核心任务；另外，如何面向生产制造商发出符合具备生产能力且具有竞争力的订单，控制采购成本和物流成本，也是品牌渠道商必须关注的问题。品牌渠道商运营流程如图2-1所示。

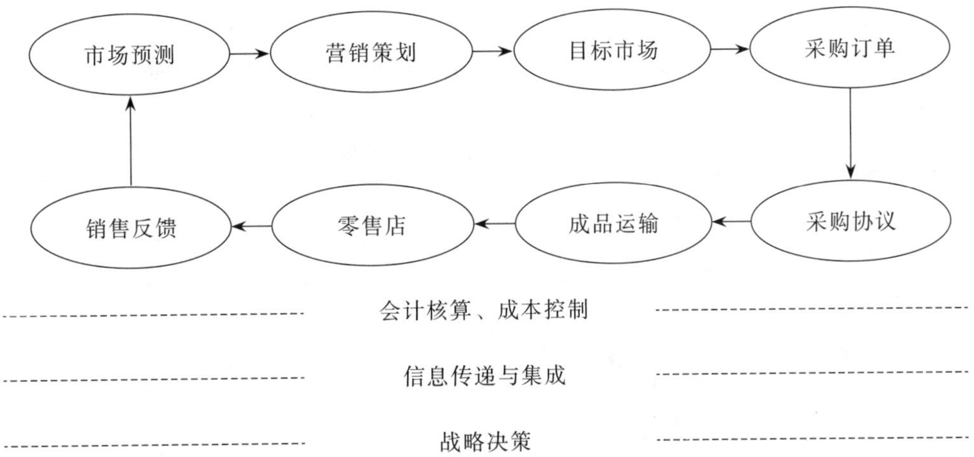

图2-1　品牌渠道商运营流程

2.3　消费者购买能力与市场容量规则

1.8种产品在五大消费市场潜在消费规模于实习初发布，每种产品的指导销售价格不同，且根据市场供求变化进行浮动。各种商品季度市场最大容量和指导零售价格见表2-2。

表2-2　**各种商品季度市场最大容量和指导零售价格**

产品名称	项目	国内	亚洲	欧洲	美洲	大洋洲
P1	最大市场容量	68万件	91万件	113万件	136万件	45万件
	指导零售价格	133元（不含税）				
P2	最大市场容量	68万件	91万件	113万件	136万件	45万件
	指导零售价格	134元（不含税）				
P3	最大市场容量	36万件	48万件	60万件	73万件	24万件
	指导零售价格	231元（不含税）				
P4	最大市场容量	36万件	48万件	60万件	73万件	24万件
	指导零售价格	229元（不含税）				
P5	最大市场容量	36万件	48万件	60万件	73万件	24万件
	指导零售价格	227元（不含税）				
P6	最大市场容量	24万件	32万件	40万件	48万件	16万件
	指导零售价格	323元（不含税）				
P7	最大市场容量	24万件	32万件	40万件	48万件	16万件
	指导零售价格	325元（不含税）				
P8	最大市场容量	24万件	32万件	40万件	48万件	16万件
	指导零售价格	330元（不含税）				

2.某一种产品的市场饱和度及售价浮动

各品牌零售商出售商品的实际价格与营销费用投入、市场饱和度及替代品进入市场相关。营销费用投入有助于将潜在消费者群体转变为现实消费者群体，进而为商品打开销路并增强议价能力。

现实消费者群体与潜在消费者群体需求之和恒等于此商品在该地区的最大市场容量。当有更高档次的商品进入地区市场后，同一市场销售的低档商品价格会出现一定程度的下降。各种因素相互作用机制见表2-3。

表2-3 各种因素相互作用机制

序号	项目	公式	价格浮动
1	最大市场容量	A	
2	初期现实市场容量	30%×A	
3	产品广告费投入增加现实市场容量	X%×A	
4	当前现实市场容量	（30% + X%）×A	
5	所有商家实际销售规模合计数	B	
6	市场饱和度 B/［A（30%+X%）］	市场饱和度≤0.3	上浮15%
7		0.3<市场饱和度≤0.5	上浮10%
8		0.5<市场饱和度≤0.8	指导价格
9		0.8<市场饱和度≤0.9	下调5%
10		0.9<市场饱和度≤1	下调10%
11	高一档商品进入市场，在此前基础上		下调5%
12	高二档商品进入市场，在此前基础上		下调10%

根据前一季度的市场饱和度计算后一季度的商品零售价格浮动。

3.产品广告费用投入与现实市场容量拓展

产品广告费在不同区域市场上投放，所产生的市场容量扩展能力有所差异，具体关系见表2-4。

表2-4 产品广告费用投入与现实市场容量关系

序号	区域市场	产品广告费用投入金额	现实市场容量变化
1	国内	75 000元	上升1%
2	亚洲	100 000元	上升1%
3	欧洲	125 000元	上升1%
4	美洲	150 000元	上升1%
5	大洋洲	50 000元	上升1%

产品广告费用投入可持续性地扩张产品的现实市场容量（当现实市场容量扩张至潜在市场容量，现实市场容量将不再扩张），渠道商累计投入的产品广告费还可长久地提升市场占有率，因此该费用投入实际增加了渠道商的商誉品牌价值，会计上应作为无形资产核算并摊销。本综合实训平台简化操作，与品牌广告投入会计处理相同，均作为销售费用。

产品广告投放产生的现实市场容量变化于次季度生效。

2.4 渠道商品牌专营店建设与转让

渠道商主要依靠在目标市场开设品牌专营店的方式促进销售和占领市场。品牌专营店有规模与档次上的差别，需要购买或租赁店铺，支付装修费用和广告费用，以实现单位店面的销售额最大化。具体说明如下：

1.品牌专营店的种类与效能（见表2-5）

表2-5 品牌专营店的种类与效能

序号	品牌专营店的种类	配备店员	销售产品类型	基准销售能力
1	简单门市店	5名初级	低、中档品	30万元/季
2	中档门市店	8名中级	低、中档品	70万元/季
3	高档门市店	11名高级	中、高档品	100万元/季
4	超豪华旗舰店	20名高级	中、高档品	200万元/季

注：基准销售能力所限销售额不含增值税、消费税、关税等。

2.品牌专营店的投资与升级

四种不同档次的品牌专营店有购入后装修、租赁后装修、升级改造三种获取方式，见表2-6。

表2-6 品牌专营店获取方式

序号	获取方式	低档店	中档店	高档店	旗舰店
1	购入后装修	200万元购入 5万元装修	800万元购入 10万元装修		1 700万元购入 50万元装修
2	租赁后装修	3万元/季租入 5万元装修	10万元/季租入 10万元装修		20万元/季租入 50万元装修
3	升级改造			中档改造，10万元费用	

（1）渠道商运营初期只能购买或租赁低档和中档店铺。新购入和租入的店铺须耗费1个季度的装修期，方能配备店员进行营业。

（2）中档店铺连续营业1年后，可进行升级改造。无论升格为高档店，还是装修为旗舰店均须耗时1个季度，方能对外营业。

（3）旗舰店开设的条件相对苛刻。要求该渠道商进入某区域市场满2年后，且连续2个季度所有产品的销售总量占该区域市场销售总量超过35%，可购入或租入店铺，装修为旗舰店。

（4）专营店的基准销售能力仅仅是理论值，具体销售状况与区域市场开发与占有情况，以及广告费投入情况相关。

（5）购入的专营店属固定资产，按照30年使用年限直线法计提折旧，低档店残值为10万元，中档店残值为20万元，旗舰店残值为50万元。

（6）四类店面，需要按季度支付不同额度的管理费。低档店1 800元/季；中档店4 000元/季；高档店5 000元/季；旗舰店10 000元/季。

（7）店铺装修费用按照5年即20个季度摊销。

3.品牌专营店的转让

通过购入方式取得的店铺可以对外转让，可按折余价值的80%直接出售，亦可按折余价值80%~120%的价格转让给其他模拟经营的渠道商，具体转让价格经由协商或竞价确定。旗舰店不得转让。

购入的店铺只允许转让其他渠道商一次，接受转让店铺的渠道商若想放弃店铺，只能以折余价值的80%出售给市场。

4.品牌专营店的季度销售计划与限制条件

在每季度初，渠道商需要设定并发布旗下各区域市场品牌专营店所销售的商品种类，以及各种商品的计划销售数量。各类商品计划销售的总额不得超过品牌专营店的最大销售能力；各类商品品牌专营店和网上专卖店计划销售各类商品总量，不得超过该渠道商在该区域对该商品的市场占有份额所限的数量。

2.5 品牌专营店数量、品牌广告与区域市场占有率

渠道商之间针对市场占有率的竞争，即品牌专营店的数量与质量、品牌与产品广告投入之间的竞争。

1.区域市场占有积分

将品牌专营店的数量与质量、品牌与产品广告投入折算为区域市场占有积分，进而通过各家渠道商市场占有率积分的占比关系，决定每家渠道商在该区域市场的实际控制份额，见表2-7。

表2-7 某一区域市场的市场占有积分计算表

序号	市场占有积分影响因素与计算方法	占有积分小计
1	上季末低档品牌专营店数量×5	
2	上季末中档品牌专营店数量×15	
3	上季末高档品牌专营店数量×20	
4	上季末品牌旗舰专营店数量×50	
5	上季度品牌广告投入×区域系数÷600	
6	上季末累计产品广告投入×区域系数÷10 000	
7	合计	M

注：区域系数与区域市场总容量有关，美洲最小，大洋洲最大。其中，国内系数为2.0，其他区域系数分别为：亚洲1.5、欧洲1.2、美洲1.0、大洋洲3.0。

2.每家渠道商在某一区域市场的市场占有率（见表2-8）

表2-8 某一区域市场的市场占有率

序号	渠道商	国内	亚洲	欧洲	美洲	大洋洲
1	C1	$M_1/M_{中}$	$M_1/M_{亚}$	$M_1/M_{欧}$	$M_1/M_{美}$	$M_1/M_{澳}$
2	C2	$M_2/M_{中}$	$M_2/M_{亚}$	$M_2/M_{欧}$	$M_2/M_{美}$	$M_2/M_{澳}$
3	C3	$M_3/M_{中}$	$M_3/M_{亚}$	$M_3/M_{欧}$	$M_3/M_{美}$	$M_3/M_{澳}$
4	C4	$M_4/M_{中}$	$M_4/M_{亚}$	$M_4/M_{欧}$	$M_4/M_{美}$	$M_4/M_{澳}$
⋮						
n	Cn	$M_n/M_{中}$	$M_n/M_{亚}$	$M_n/M_{欧}$	$M_n/M_{美}$	$M_n/M_{澳}$
合计		1	1	1	1	1

3.每家渠道商在某一区域市场的理论最大销售额

渠道商在某一区域市场的理论最大销售额受专营店最大销售能力、区域市场占有率、各产品区域市场开发程度三个因素的共同限制。以渠道商C1在亚洲市场的理论最大销售额为例，计算见表2-9。

4.产品价格变动对品牌专营店最大销售能力的影响

根据前文所述，品牌专营店销售能力以销售额为计算单位，而非销售数量，因此即便销售数量不变，单位产品售价提高也可能令品牌专营店的销售额突破上限。为解决此问题，特作以下规定：

（1）渠道商在某一区域市场所销售的某一种或多种商品价格下降，将不改变该区域自有品牌专营店的最大销售能力。

表 2-9 渠道商在某一区域市场的理论最大销售额计算

序号	项目	公式	小计
1	所有品牌专营店销售能力		H
2	第1种产品最大销售能力	A1×P1×（30%+X%）$\times M_1/M_{亚}$	G
3	第2种产品最大销售能力	A2×P2×（30%+X%）$\times M_2/M_{亚}$	
4	第3种产品最大销售能力	A3×P3×（30%+X%）$\times M_3/M_{亚}$	
5	第4种产品最大销售能力	A4×P4×（30%+X%）$\times M_4/M_{亚}$	
6	第5种产品最大销售能力	A5×P5×（30%+X%）$\times M_5/M_{亚}$	
7	第6种产品最大销售能力	A6×P6×（30%+X%）$\times M_6/M_{亚}$	
8	第7种产品最大销售能力	A7×P7×（30%+X%）$\times M_7/M_{亚}$	
9	第8种产品最大销售能力	A8×P8×（30%+X%）$\times M_8/M_{亚}$	
10	渠道商在亚洲市场的理论最大销售额为H与G的较小数，即min（H，G）		

注：A是第n种产品在区域市场的最大容量；P为第n种产品的零售价格；X%为第n种产品在区域市场的开发程度；M_n/M为该渠道商在区域市场的市场占有率。

（2）渠道商在某一区域市场所销售的某一种或多种商品价格上涨，该区域自有品牌专营店的最大销售能力同步提升。计算方式见表2-10。

表 2-10 产品价格变动对品牌专营店最大销售能力的影响

序号	商品升价幅度	升价商品销售额占比	最大销售能力提升幅度
1	升价幅度＜10%	任意比例	不做调整
2	10%≤升价幅度＜20%	销售额占比＜20%	提升2%
3		20%≤销售额占比＜50%	提升4%
4		销售额占比≥50%	提升6%
5	20%≤升价幅度≤30%	销售额占比＜20%	提升4%
6		20%≤销售额占比＜50%	提升7%
7		销售额占比≥50%	提升10%

若该渠道商有多种产品在某一区域市场价格上涨，则品牌专营店最大销售能力提升幅度可根据上述表格的每种升价商品对最大销售能力的影响情况进行累加。

2.6 品牌网上专卖店

跨专业综合仿真实验平台运营到第三年，将组织渠道商品牌网上专卖店网站设计大赛，由渠道商管理团队与计算机系在校学生组队开发，并于第四年年末进行评比，获奖网站将赢得更广阔的网络销售空间。

1.品牌网上专卖店的商业价值与成本投入

品牌网上专卖店建成后，蕴含着巨大销售能力，并可同时承接五大区域市场的零售业务。当然，网站建设、运营及物流需要支付一定成本。具体规定见表2-11。

表2-11 品牌网上专卖店的商业价值与成本投入

序号	项目	商业价值与成本投入	备注
1	网上专卖店销售能力	2万件/季/区域	单一产品最大0.7万件
2	网站建设与开发成本	1 000万元	
3	投入新区域市场改造成本	500万元/区域	
4	网站建设和改造费摊销期	10年	残值为0
5	运营费用	30万元/季度	增加区域，+20万元/季
6	维护及工作人员	30人×5 000元/月/人	增加区域，+20人
7	物流费用	10元/件	销售时不另收物流费

渠道商每季度应该规划并发布同期网上专卖店在每一个区域市场对外销售的商品类别和商品数量。

2.品牌网上专卖店的销售计划与限制条件

网上销售必须有足够的市场占有率来支撑。若在一区域市场，某渠道商全部品牌专营店和网上专卖店对某产品的销售量，超出该渠道商在该区域市场对此种产品的市场占有份额，则优先安排品牌专营店的销售，减少网上专卖店的销售量。

渠道商通过品牌网上专卖店在某一区域销售商品，前提是在该区域市场拥有物流配送中心，且配送中心具备充足的存货。

3.品牌网上专卖店设计大赛与奖励

跨专业综合仿真实验平台运营到第四年年末，举办所有渠道商参加的品牌网上专卖店设计大赛，通过专家评审团打分和全校师生网上投票方式，评选出大奖、二等奖和三等奖若干名，并给予奖励，见表2-12。

表2-12 品牌网上专卖店设计大赛与奖励情况表

奖项	奖励
网上专卖店设计大奖	渠道商网店在各区域市场销售能力增加1万件/季
网上专卖店设计二等奖	渠道商网店在各区域市场销售能力增加0.6万件/季
网上专卖店设计三等奖	渠道商网店在各区域市场销售能力增加0.3万件/季

网站开发拓展费、运营费、人员数量、单一产品最大销量等不变。

2.7 营销创意大赛

渠道商的营销计划一季度一确定，即各品牌商团队每季度编制并发布一期营销方案，对投入期的营销费用投入金额、投入市场区域、投入广告形式、预计效果等进行规划。营销广告的形式有两种：其一是具体产品广告；其二是品牌广告。产品广告用于某一产品在某一地区市场未饱和前，可促使潜在消费群体向现实消费群体转换，即增加现实市场容量；品牌广告作用于某一产品在某一地区市场饱和后，其当期投入额度占比决定了各品牌商所能分配的市场份额，当然该份额由于销售折扣政策的不同还会做进一步调整。

在综合仿真实习过程中，将进行两次营销创意大赛。一次以8种产品为对象，进行产品营销方案设计大赛；另一次以渠道商品牌为对象，进行品牌营销设计大赛。其奖励见表2-13。

表2-13 营销创意大赛奖励情况

奖项	奖励
产品营销设计大奖	该产品潜在市场容量增加5%，为获奖者所独占
产品营销设计二等奖	该产品潜在市场容量增加3%，为获奖者所独占
产品营销设计三等奖	该产品潜在市场容量增加1%，为获奖者所独占
品牌营销设计大奖	该渠道商所有区域市场品牌专营店销售能力提升10%
品牌营销设计二等奖	该渠道商所有区域市场品牌专营店销售能力提升6%
品牌营销设计三等奖	该渠道商所有区域市场品牌专营店销售能力提升3%

2.8 品牌零售商采购订单发布与落实

该部分同1.3生产商与渠道商之间的关系及订单的获取。品牌零售商采购订单发布与落实情况如图2-2所示。

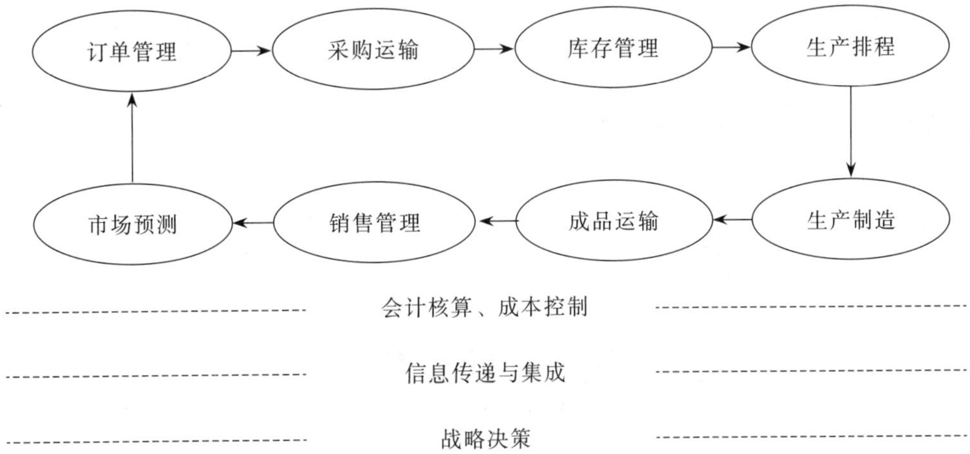

图2-2 品牌零售商采购订单发布与落实情况

2.9 渠道商商品物流与仓储

渠道商商品物流与仓储工作，涉及两个方面：其一是围绕品牌专营店设置仓库；其二是围绕港口、仓库与品牌专营店之间进行产品运输与调配。

渠道商商品包装方式同生产商的产成品包装，即100件衣服为1箱，体积1立方米，1标准箱可容纳25箱衣服。

2.9.1 渠道商配送中心的购建与租用

1. 区域市场配送中心数量与货物配送时长的关系

货物配送时长与平均每个仓库辐射的地理面积相关，同一区域上的仓库数量越多，货物配送时长越短，反之则越长。具体规则见表2-14。

表2-14 区域市场配送中心数量与货物配送时长的关系

序号	同一区域拥有配送中心数量	公路平均配送时长
1	配送中心数量≤5	单程3日
2	5 <配送中心数量≤10	单程2日
3	配送中心数量 > 10	单程1日

2.配送中心种类与价格（见表2-15）

表2-15 配送中心种类与价格表

序号	指标	小型配送中心	中型配送中心	大型配送中心
1	最大容量（立方米）	1 000	3 000	5 000
2	运营费（元/米^3·日）	0.5	0.5	0.5
3	建筑成本（万元）	330	770	1 200
4	建设工期（季度）	1	2	3
5	折旧年限（年）	20	20	20
6	残值（万元）	30	70	100
7	租赁价格（元/季）	60 000	150 000	240 000

注：运营费只和实际仓储量相关，空置仓储空间不计费。

2.9.2 渠道商自营或租赁车辆货物配送

渠道商货物配送工作包括两个环节：一是从港口、机场将货物送至最近的仓库；二是从仓库将货物送至品牌专营店。

1.渠道商货物配送一律采取公路运输的方式，租赁车辆单日运费标准较高，自营车队日运营费用较低，但须购置车辆（见表2-16）。

表2-16 渠道商自营或租赁车辆货物配送表

序号	运输环节	运输时长	车辆类型	容积	租赁车辆	自营车队
1	港口—配送中心	1日	货柜车	标箱	1 000元/日	700元/日
2			中型货车	10米^3	500元/日	350元/日
3			小型货车	5米^3	300元/日	210元/日
4	配送中心—店铺	不等	货柜车	标箱	1 000元/日	700元/日
5			中型货车	10米^3	500元/日	350元/日
6			小型货车	5米^3	300元/日	210元/日

注：自营车队日费用按照5：3的比例分配为人工费和油料费。

配送中心设为品牌专营店的中心，假定配送中心为店铺送货，每次只能向一家店铺配送，返回配送中心后方能向第二家店铺配送。

2.自建车队运输费用包括两部分：一是为购置运输车辆固定资产折旧费用；二是运输相关变动成本。相关参数见表2-17。

表2-17　自建车队运输费用表

序号	车辆类型	容积	售价	折旧年限	残值
1	货柜车	标箱	30万元	10年	0
2	中型货车	10米^3	18万元	10年	0
3	小型货车	5米^3	12万元	10年	0

注：运输车辆可转让，转让价格为折余价值的70%~110%，通过拍卖进行，或直接以折余价值70%出售给虚拟市场。

3.运抵港口的货物，若不能立刻全部送至仓库，须支付堆存费和租箱费。合计租金20元/标箱/日。

4.货物运输，若装不满1车，费用仍按1车计收。

5.品牌专营店的日商品销售是均匀的，自身能够容纳12日待销商品。配送中心至店铺的货物运输，每12日至少运送一次，否则会缺货影响销售；每次运输不能超过12日的销售数量，否则品牌自营店会难以存储。一个季度按照90日计算。

2.10 渠道商人力资源管理

1.渠道商员工种类与薪酬标准（见表2-18）

表2-18　渠道商员工种类与薪酬标准

序号	员工种类		标准薪酬	加班费标准	备注
1	高级管理		自定	不加班	总额5万元/月
2	店员	初级	1 000元/月	不加班	销售提成2%
3		中级	1 500元/月	不加班	销售提成2%
4		高级	2 000元/月	不加班	销售提成2%
5	管理人员		2 500元/月	不加班	不少于店员的5%

渠道商员工薪酬的其他说明：

（1）一般管理人员不少于店员数的1/20，最少10人。

（2）店员的销售额提成比例为2%。

（3）品牌专营店的营业时间统一规定为9：00—21：00，周末不休息。

（4）各档次店铺的店员配置，已经考虑加班与倒班因素，即低档门市店、中档门市店、高档门市店、旗舰店分别配置不同技能水平的店员5名、8名、11名、20名保持不变。

（5）企业须以员工的基本薪酬为标准，支付养老及医疗保险和住房公积金。标准分别为：养老保险个人支付比例8%，公司缴纳比例12%；住房公积金个人支付比例10%，公司缴纳比例10%；医疗保险个人支付比例2%，公司缴纳比例10%。此外，企业单独按照员工标准薪酬的3%缴纳失业险、工伤险、生育险。

（6）月标准薪酬、加班费与销售提成之和，超过5 000元须缴纳个税，标准按照国家现行规定执行。

2.员工招聘、培训与晋级

（1）人员招聘需要周期，前一季度招人当季度培训，次季度上岗。

（2）已经聘用的员工聘期至少一年，聘期内解聘员工必须给予6个月补偿。

（3）岗前培训费为受聘人员月薪的50%，店员等级提升培训须支付月薪酬2倍培训费，培训后次季度可以作为高一等级店员上岗。

（4）每一次公开发布招聘信息广告，须支付广告费5 000元。

（5）为缩短新建企业的投产周期，企业开设首季度招聘的员工无须培训，当季度即可投入工作。

第3章 外围机构业务规则

跨专业综合仿真实验平台，生产商和渠道商需要独立核算，是实验平台的主角。为使主角们的实验和演练更真实、更精彩，需要为其构建一些外围服务辅助企业，配角同样不可或缺。

3.1 金融服务中心

跨专业综合仿真实验平台上的商业银行拥有完整的对公服务体系，能够进行开户、存取款、信贷、国际结算等各种商业银行业务，还承担着公开上市和债券发行等投资银行职能。

为更好地整合资源，各生产商和渠道商均在仿真实验平台唯一的一家商业银行服务中心柜台开户和办理业务。所不同的是，这家商业银行服务中心可以根据不同企业的所在地和具体要求，为A企业开设建设银行账户，为B企业开设工商银行账户，为C渠道商开立美洲银行账户，为D渠道商开立法兰克福银行账户……

鉴于生产商均在中国境内，渠道商遍布国内、亚洲、欧洲、美洲、大洋洲五大市场，特设定五种结算货币：设立于中国的生产商和渠道商，以人民币作为结算货币；设立于亚洲的以日元结算；设立于美洲的以美元结算；设立于欧洲的以欧元结算；设立于大洋洲的以澳元结算。

考虑到绝大多数学生未来都在国内求职，故无论哪国注册的公司，统一适用中国会计制度、税法、金融法规等相关制度，除了国际结算业务使用外币以外，企业内部会计处理均将人民币作为记账本位币。

3.2 第三方物流服务中心

跨专业综合模拟仿真实验平台上的第三方物流公司，不独立核算，可提供公路、铁路、航空、海运等集装箱运输的货运服务，也可提供货运车辆和仓库的租赁服务。

生产商和渠道商若需租赁仓库、厂房、运输车辆、店铺，不分国内外，均可到第三方物流服务中心申请、登记和办理。

第三方物流服务中心在金融服务中心开设结算账户，生产商和渠道商可通过转账、汇款等方式，支付本季度的租金、运费等。第三方物流服务中心价格标准见表3-1。

表3-1 第三方物流中心价格标准

序号	承接项目		价格标准
1	厂房（容纳四条生产线）		30万元/季度
2	仓库	平房仓库	6万元/季度
3		楼房仓库	15万元/季度
4		立体货架仓库	24万元/季度

续表

序号	承接项目		价格标准
5	店铺	低档门市店	3万元/季度
6		中、高档门市店	10万元/季度
7		旗舰门市店	20万元/季度
8	运输	公路运输	1 000元/标箱/日
9		铁路运输	5 000元/标箱/日
10		航空运输	视距离而定
11		海洋运输	视距离而定

3.3 人才交流中心

跨专业综合模拟仿真实验平台上的人才交流中心，是生产商和渠道商进行员工招聘的场所，接受员工招聘广告，并按照招聘所需提供一般管理人员、营销人员、店员等各个工种，以及初级、中级和高级三个技术层次的员工招聘服务。

企业聘任和解聘人员，应向人才交流中心备案。人才交流中心负责审查企业解聘人员工作是否届满一年，不足一年是否按规定给予了补偿。

3.4 拍卖行

跨专业综合模拟仿真实验平台上的生产商之间，可能进行闲置生产线、自建仓库、自有运输车辆等资产的相互转让；渠道商之间也可能进行闲置店铺、自建配送中心、自有运输车辆的相互转让。需要对外转让资产的厂商，应在拍卖行发布信息，具有购买意向的买家进行竞价，季末以最高竞拍价格成交，并办理资产过户手续。

3.5 证券公司

跨专业综合模拟仿真实验平台上的生产商和渠道商，可以将不超过资产总额10%的现金投资于股市，赚取买卖差价收益。交易规则为T+1，买价以交易日当天该股票或基金的开盘价格为准，卖价以交易日当天该股票或基金的收盘价为准。

厂商买卖股票须到证券交易中心申请股东权证，每一笔买卖交易均须于交易当天在证券交易中心备案。证券交易中心有责任审查该厂商股票买卖行为的合规性。

3.6 审计事务所

跨专业综合模拟仿真实验平台上的生产商和渠道商的年度报表须经审计事务所审核与评估，盖印确认后发布和存档。

审计事务所除了审核报表外，承担着监督和审查生产商和渠道商在经营过程与会计核算过程是否存在违反业务活动规则情况的职责，亦可接受其他生产商和渠道商的举报，并进行查实。

3.7 工商局、税务局

工商局、税务局是跨专业综合模拟仿真实验平台上生产商和渠道商申报和缴纳增值税、企业所得税，进行工商注册、工商稽查等业务的场所。为简化部门，生产商和渠道商为员工缴纳的个人所得税、住房公积金、养老保险、失业保险等款项也由税务局收取。

3.8 市场信息发布中心

市场信息发布中心是跨专业综合模拟仿真实验平台诸多主体共享信息的平台。市场信息发布中心所发布的信息包括：

1.宏观经济面信息，如利率、汇率、政策规定等。

2.生产商与渠道商每季度初挂牌竞价信息。

3.原材料市场与终端消费市场的动态信息，如原材料供求状况、各种产品产销情况、各区域市场饱和度与市场占有情况等。

4.生产商和渠道商发展状况，如资产负债率、生产能力、销售能力、广告费投入等情况等。

5.重大活动信息，如营销大赛、网站设计大赛、CI设计大赛等。

6.拍卖信息。

3.9 海关

海关是跨专业综合模拟仿真实验平台上生产商和渠道商之间进行进出口贸易的辅助机构。

第4章

市场规则参数控制

4.1 关于记账时点的相关规定

鉴于跨专业综合仿真实训平台的信贷、存款、销售等业务以季度为最小经营周期，而生产制造排程、物流与仓储等业务必须具体到某一天，因此容易造成会计记账时点的混乱。特别说明如下：

1.每季度订单签约时间

每季度订单签约时间统一为季度首月1日，即1月1日、4月1日、7月1日、10月1日。订单签约次日开出信用证或采用汇兑方式结算货款。信用证实际付款期为生产商发货上船后的第15天（不包括货物上船日），汇兑结算方式次日到账。

2.各种租金结算付款日

生产商租用仓库、渠道商租用配送中心和品牌店铺，相关租金一律按季度核算付款，每季度季末最后一天付款。

3.员工工资、培训费、招聘费、解聘违约金付款日

生产商的技术工人、管理与销售人员，渠道商的店员、管理人员相关工薪、保险及公积金、培训费、招聘费、解聘违约金等款项的记账时间统一规定为季度末的最后一天。

4.定期存款、贷款、公司债券等款项到账日

生产商和渠道商可将部分闲置资金的活期存款形式转为定期存款，资金不足时可申请贷款或发行公司债券。活期存款转定期存款、贷款申请和公司债券发行申请成功，融资到账日均规定为每季度第一天。

定期存款、贷款、公司债券利息支付日均规定为每季度的最后一天。

定期存款到期转回活期存款、贷款和公司债券的还款日，为到期季度的最后一天。

5.股票买卖的记账时点

各厂商可以按照上季度季末资产总额的10%为上限，每季度进行一次股票买卖，交易日均为季度的第一天，并进行记账。

6.固定资产折旧、无形资产摊销、税费等成本记账时点

所有厂商涉及本季度的固定资产折旧、无形资产摊销、税费等计提与支付的记账时点，均为当季末的最后一天。

7.渠道商销售收入的到账日

渠道商通过品牌专营店、网站零售，假定商品销售均匀发生，即当季度的销售额可按日平均，但当季度销售收入均累计至季末最后一天记账一次。假定全部销售收入均为现金流入。该现金流入可用于本季度贷款、公司债券本息支付。

8.部分支出和费用项目对应收款机构

本方案涉及诸多种开支类别，其中部分支出与费用项目无外围辅助机构对应，故在此做补充说明，以更清晰说明资金流向和服务记账需要，见表4-1。

表4-1　　部分支出和费用项目对应收款机构或单位

支出与费用项目	对应付款机构或单位	记账时间
直接材料计2%辅助材料	水电管理局	制造费用；季末
品牌专营店运营管理费	物业管理公司	管理费用；季末
生产线超负荷维修费	设备维修公司	制造费用；季末
生产线转换调试费	设备维修公司	制造费用；季末
网站开发、拓展、运营费	网站开发与维护公司	季末
各种租金、运输费	第三方物流公司	季末

除上述业务外，生产商与渠道商的其他业务均按照业务实际发生时点进行核算。比如原材料采购、物流货代、仓储、生产排程等业务均按照厂商实际发生业务的时点记账与核算。

4.2　融资市场规则

融资市场分为银行短期贷款、长期贷款、公司债券三种形式，资金到位时间和融资成本存在差异，见表4-2。

表4-2　　融资市场规则

<table>
<tr><th>序号</th><th>融资方式</th><th>时长</th><th>资金到位</th><th>基准利率</th><th>浮动方式</th></tr>
<tr><td>1</td><td rowspan="2">短期贷款</td><td>6个月</td><td>当季度</td><td>定期发布</td><td rowspan="4">ALR40%以下，基准i
ALR41%～60%，上浮30%
ALR61%～80%，上浮60%</td></tr>
<tr><td>2</td><td>1年</td><td>下季度</td><td>定期发布</td></tr>
<tr><td>3</td><td rowspan="2">中长期贷款</td><td>1至3年</td><td>下季度</td><td>定期发布</td></tr>
<tr><td>4</td><td>3至5年</td><td>下季度</td><td>定期发布</td></tr>
<tr><td>5</td><td rowspan="2">公司债券</td><td>3年期</td><td>6个月后</td><td>3年贷款利率</td><td>保持不变</td></tr>
<tr><td>6</td><td>5年期</td><td>6个月后</td><td>5年贷款利率</td><td>保持不变</td></tr>
</table>

其他相关规定：

1.短期贷款一经发放，利率始终保持合同利率不变，中长期贷款利率每满一年调整一次，按照新的基准利率加浮动利率计算。

2.短期贷款占净资产的比例不超过30%。

3.企业的资产负债率最高不得超过80%。

4.企业资产负债率超过40%，不允许发行公司债券，公司债券发行后的资产负债率不得超过60%，发行公司债券须额外支付融资总额10%的融资费用。

4.3　公开上市

并非综合仿真实训平台上的所有生产者和渠道商都要求上市，上市融资需要承担较高的发行费用，降低财务杠杆效果，稀释股权，若无系统可行的投资计划做保证，融资将降低企业每股收益水平。

实验内容：

1.综合仿真实训平台首次公开发行股票的基本条件（见表4-3）

表4-3 综合仿真实训平台首次公开发行股票的基本条件

指标类别	上市基本条件
主体资格	公司成立届满3年及以上
利润	连续3年盈利，累计利润不少于3 000万元，最近一年年利润不少于1 000万元
现金流量	3年经营活动现金净流量总额不少于5 000万元
营业收入	最近2年营业收入年增长率不低于30%
总资产规模	达到或超过5 000万元
资产负债率	不高于50%

2.公开上市股票发行限额与发行费用

拟公开上市公司以净资产总额为股本，每股1元，可对外发行不超过股本50%且总量不超过3 000万股的股票，每股公开发行价格为2元。

公开上市须支付公开发行股票总价值的20%作为发行费用。

模拟经营期内，每家公司只允许进行一次公开上市活动，不能增发。

4.4 投资市场规则

生产商和渠道商可参照上海证券交易所当期挂牌价格买卖股票、基金进行短期或长期投资，证券保证金账户总额不得超过本公司总资产的10%。交易规则为T+1，买价以交易日当天该股票或基金的开盘价格为准，卖价以交易日当天该股票或基金的收盘价为准。

证券交易每季度进行一次，实验过程中的一个季度对应现实证券市场的一个自然日。

鉴于综合仿真实训平台前一天下午和第二天上午设定为一个季度，与股市交易时间存在一定出入，故规定投资企业只能在每天上午买卖股票，买入时价格以该股票当天开盘价为准，卖出已有股票以该股前一交易日收盘价为准。

4.5 规模经济规则

生产商与渠道商专门经营某一两种产品，当该产品产销量达到一定规模后，可获得规模经济带来的额外利得。

1.生产商的规模经济（见表4-4）

表4-4 生产商的规模经济情况

模式	条件	规模经济利得
模式1	生产同一种产品的生产线达到或超过5条	相关生产线产能提升5%
	生产同一种产品的生产线达到或超过10条	相关生产线产能提升8%
	生产同一种产品的生产线达到或超过20条	相关生产线产能提升10%

续表

模式	条件	规模经济利得
模式2	手工生产线达到18条	相关生产线产能提升5%
	半自动生产线Ⅰ达到9条	相关生产线能力提升5%
	半自动生产线Ⅱ达到7条	相关生产线能力提升5%
	全自动生产线Ⅰ达到6条	相关生产线能力提升7%
	半自动生产线Ⅱ达到6条	相关生产线能力提升7%
	柔性生产线达到5条	相关生产线能力提升10%

上述各种模式的规模经济利得效果可以叠加。

2.渠道商的规模经济（见表4-5）

表4-5　渠道商的规模经济情况

模式	条件	规模经济利得
产品模式	某种产品销量占五大市场所有产品总销量超过40%	该产品售价较指导价上浮3%
	某种产品销量占五大市场所有产品总销量超过60%	该产品售价较指导价上浮5%
	某种产品销量占五大市场所有产品总销量超过80%	该产品售价较指导价上浮7%
市场模式	某一渠道商某一区域市场所有产品总销量占同一市场所有产品总销量的40%	该市场售价较指导价上浮5%
	某一渠道商某一区域市场所有产品总销量占同一市场所有产品总销量的60%	该市场售价较指导价上浮7%
	某一渠道商某一区域市场所有产品总销量占同一市场所有产品总销量的80%	该市场售价较指导价上浮9%

上述两种模式的规模经济利得效果可以叠加。

4.6 命运罗盘

为增加学生应对不确定因素的灵活机动性，并增加跨专业综合仿真实验的趣味性，经营期第3~5年，每季度季初旋转一次命运罗盘，为实验环境增添不确定因素。

4.6.1 企业运作影响因子随机事件表设计（见表4-6）

命运罗盘上的事件可参考如下（具体内容可根据学生提案增补或删减）。

1.宏观经济环境罗盘

（1）通货膨胀，本季度所有商品零售价上升2%；

（2）工人罢工，本季度所有职工标准薪酬调高10%；

（3）农业丰收，本季度棉布、亚麻、羊毛、真丝价格下调5%。

（4）石油增产，本季度涤纶、腈纶等所有石化类纺织品价格下调5%。

（5）金融危机，银行贷款利率自本季度起上调1%；

（6）信用扩张，银行贷款利率自本季度起下调1%；

（7）强制分红，所有公司持有的上证股票，每股派息0.5元；

（8）强制征税，所有公司持有的上证股票，每股强征印花税0.3元。

表4-6　企业运作影响因子随机事件表

<table>
<tr><th>企业运作影响因子随机事件</th><th>编号</th><th>编号</th><th>编号</th><th>编号</th></tr>
<tr><td>事件1</td><td>01</td><td rowspan="2">01</td><td rowspan="4">01</td><td rowspan="8">01</td></tr>
<tr><td>事件2</td><td>02</td></tr>
<tr><td>事件3</td><td>03</td><td rowspan="2">02</td></tr>
<tr><td>事件4</td><td>04</td></tr>
<tr><td>事件5</td><td>05</td><td rowspan="2">03</td><td rowspan="4">02</td></tr>
<tr><td>事件6</td><td>06</td></tr>
<tr><td>事件7</td><td>07</td><td rowspan="2">04</td></tr>
<tr><td>事件8</td><td>08</td></tr>
<tr><td>事件9</td><td>09</td><td rowspan="2">05</td><td rowspan="4">03</td><td rowspan="8">02</td></tr>
<tr><td>事件10</td><td>10</td></tr>
<tr><td>事件11</td><td>11</td><td rowspan="2">06</td></tr>
<tr><td>事件12</td><td>12</td></tr>
<tr><td>事件13</td><td>13</td><td rowspan="2">07</td><td rowspan="4">04</td></tr>
<tr><td>事件14</td><td>14</td></tr>
<tr><td>事件15</td><td>15</td><td rowspan="2">08</td></tr>
<tr><td>事件16</td><td>16</td></tr>
</table>

2. 区域市场不确定风险罗盘

（1）海啸袭来，本季度某区域市场海运商品减损5%；

（2）消费疲软，本季度某区域市场所有商品零售价下降2%；

（3）消费火爆，本季度某区域市场所有商品零售价上涨2%；

（4）地产泡沫，本季度某区域市场所有品牌专营店租金上涨5%；

（5）地产崩盘，本季度某区域市场所有品牌专营店租金下跌5%。

风险罗盘旋转后，旋转五大区域市场罗盘，确定风险发生区域。

4.6.2　“命运罗盘”操作规则

1. 指导教师定义企业运作影响因子随机事件。

2. 指导教师将企业运作影响因子随机事件按照“2类”“4类”“8类”“16类”编码，也可以考虑各个事件发生概率大小，以16份为基本单位划分。

3. 指导教师编制企业运作影响因子随机事件表，并公布。

4. 各个公司按照指导教师要求转动“命运罗盘”。

5. 罗盘箭头指定位置的编号即为企业运作影响因子随机事件表中相应的编码和事件（如图4-1所示）。

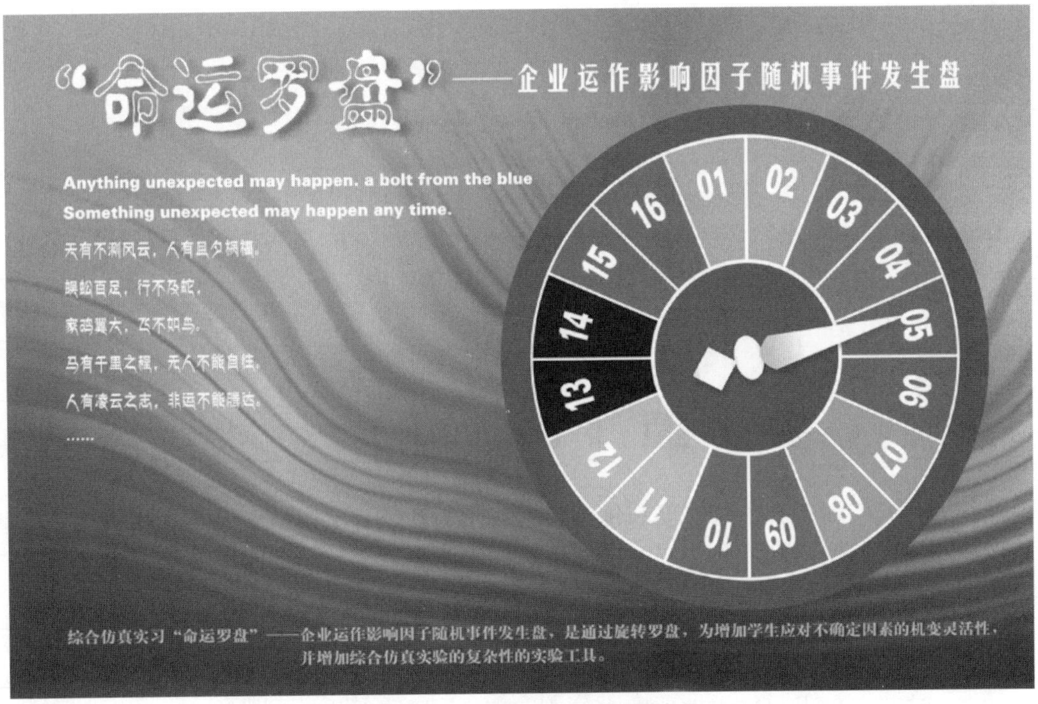

图4-1　“命运罗盘”示意图

4.7 其他市场规则

1. 生产商与渠道商初始资金额为1 500万元。

2. 为简化操作，进出口关税税率假定为0。

3. 生产商与渠道商之间进行的进出口贸易，应将出厂指导价按照现行汇率折算为外币价格，以满足外贸单证填写规范的要求。但无论生产商还是渠道商，在会计核算时只将人民币作为记账本位币。外汇汇率水平不影响生产商和渠道商的会计信息及盈利能力。

第 5 章

信息发布

5.1 信息发布的种类

跨专业综合仿真实训平台，每季度和每年初期将向所有经营主体发布市场运营信息。信息类别、信息项目、发布周期见表 5-1。

表 5-1 信息主要类别

信息类别	信息项目	发布周期
宏观市场指标	存贷款基准利率	季度
	美元、日元、欧元、澳元汇率	季度
原材料市场信息	各原材料、各产地销售量	季度
	各原材料当季度价格	季度
各区域市场信息	各产品现实市场容量	季度
	各渠道商市场占有率	季度
各产品市场信息	各产品零售价格	季度
	各产品当期产量	季度
各生产商信息	在产生产线数量与种类	季度
	该季度生产产品种类与产量	季度
	各产品出厂均价	季度
	原材料购买种类与数量	季度
	员工薪酬与保险及公积金等合计	季度
	资产负债率	季度
	贷款、公司债券总额	季度
	资产负债表	年度
	利润表	年度
	现金流量表	年度
	财务指标考核表	年度

续表

信息类别	信息项目	发布周期
各渠道商信息	各区域市场品牌店数量与规格	季度
	各区域市场占有率	季度
	各区域市场各产品销售收入	季度
	网上专卖店各产品销售收入	季度
	各区域各种产品广告投入	季度
	各区域品牌广告投入	季度
	员工薪酬与保险及公积金等合计	季度
	资产负债率	季度
	贷款、公司债券总额	季度
	资产负债表	年度
	利润表	年度
	现金流量表	年度
	财务指标考核表	年度
订单往来信息	渠道商订单发布信息	季度
	生产商订单竞价获取信息	季度
	未成交订单二次发布信息	季度
金融机构	存贷款汇总表	季度
人力资源服务中心	人才市场招聘、解聘信息表	季度
第三方物流	已出租仓库规格与数量汇总表	季度
	已出租厂房汇总表	季度
	已出租配送中心规格与数量汇总表	季度
	已出租店铺规格与数量汇总表	季度
拍卖行	本季度待拍卖资产信息	季度
	随时发布已拍出资产信息	季度
活动与大赛信息	时间、地点、形式、人员、要求等	适时

5.2 信息获取与发布流程

信息获取与发布工作涉及生产商、渠道商、外围服务机构等诸多主体，信息交换与获取主要在每季度季末进行，季度初对外发布，除了订单往来信息与拍卖信息随时更新外，其他信息仅发布一次（如图5-1所示）。

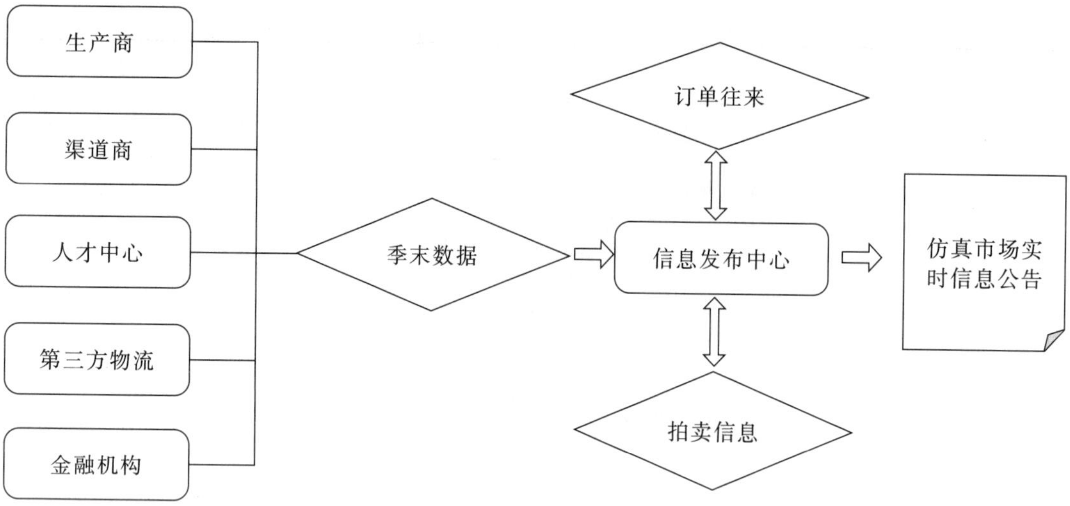

图5-1 信息获取与发布流程

5.3 信息发布中心相关表格

信息发布中心相关表格见表5-2至表5-16。

表5-2 订单汇总表

订单编号	渠道商	发布年度	发布季度	产品名称	区域市场	生产商	响应时间	成交数量（件）	成交价格（元）	收款政策	交货时间	订购状态

表5-3 **渠道商广告投入情况统计表**

编号	公司名称	广告类型	产品类型	区域市场	总金额	合计

表 5-4　　渠道商产品销售情况统计表

编号	公司名称	品名及规格	计量单位	区域市场	数量	金额

表 5-5 渠道商店铺数量统计表

市场类型	品牌专营店数量				总品牌广告投入（元）	总产品广告投入（元）
	低档专营店	中档专营店	高档专营店	旗舰店		
国内						
亚洲						
欧洲						
美洲						
大洋洲						
合计						

表 5-6 渠道商各产品零售指导价汇总表

产品类型	产品市场　单位：元				
	国内	亚洲	欧洲	美洲	大洋洲
P1					
P2					
P3					
P4					
P5					
P6					
P7					
P8					

表 5-7 渠道商销售量统计表

产品类型	国内		亚洲		欧洲		美洲		大洋洲	
	总销售量	销售总额	总销售量	销售总额	总销售量	销售总额	总销售量	销售总额	总销售量	销售总额
P1										
P2										
P3										
P4										
P5										
P6										
P7										
P8										
总利润										

表 5-8

渠道商最大销售额统计表

市场名称	产品名称	1	2	3	4	5	6	7	8
	P1								
	P2								
	P3								
	P4								
	P5								
	P6								
	P7								
	P8								
	合计								
	所有品牌专营店销售能力								
	理论最大销售额								

表 5-9

生产商产销量统计表

公司编号	名称	本年总产量		本年销量	本年余量
		产品类型	数量		

表5-10 生产商购买生产线信息统计表

生产商编号	年度	季度	生产线种类	采购数量

表 5-11 **生产商市场需求发布信息表**

渠道商	订单编号	年度	季度	产品名称	区域市场	需求数量（件）	剩余需求数量（件）	最高出价（元）	交货期限

表5-12 **生产商水电费信息核对表**

公司名称	年度	季度	价格（元）	总额（元）

表5-13 **生产商原材料采购信息统计表**

生产商编号	年度	季度	原材料种类	产地	采购数量

表5-14 **市场容量统计表** 单位：万件

产品名称	国内	亚洲	欧洲	美洲	大洋洲
P1					
P2					
P3					
P4					
P5					
P6					
P7					
P8					

表5-15 **渠道商市场占有率统计表**

渠道商	产品市场				
	国内	亚洲	欧洲	美洲	大洋洲

表5-16 原材料采购数据统计表

订单编号	年度	季度	原材料种类	产地	采购数量	上季余量	商业折扣	价格浮动系数	市场价格（含价格浮动）	采购价格（含商业折扣）

第二部分
实习岗位

第 6 章

生产商实习岗位

6.1 CEO岗位实习

实习内容

在仿真实习中，作为公司的行政总裁，要对公司负全部责任。CEO与团队成员一起确定公司名称，制定公司章程，确定人员分工、岗位职责分配，完成公司注册。在仿真实习过程中，了解公司的整体运营情况，掌控公司各种决策，协商团队成员的工作，解决成员之间的矛盾，创建积极向上的氛围。

岗位职责

1.制定公司发展战略；制定公司制度；确定公司发展定位。
2.对公司的一切重大经营运作事项进行决策，包括对财务、经营方向、业务范围的增减等。
3.参与高层管理者的会议，确定高层管理者的决策。
4.主持公司的日常业务活动。
5.对外签订合同或办理业务。
6.任免公司的高层管理人员。
7.树立、巩固或变更企业文化，进行团队建设。
8.组织公司参加仿真集体活动。

岗位流程

CEO岗位流程如图6-1所示。

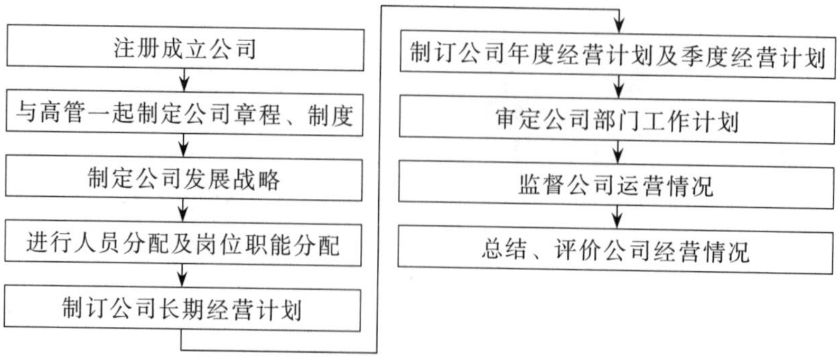

图6-1　CEO岗位流程

流程说明

1.公司准备阶段

注册成立公司（工商登记、开立银行账户），制定公司章程、制度，制定公司发展战略；创建企业文化。

2.公司运营阶段

公司高层开会决策，高层仿真实习分工安排，团队建设；决定厂房的选择和生产线的购买；招聘技工和销售人员；确定贷款额度以及还款能力；联系渠道商，了解生产档次；制订季度、年度经营计划；跟进每个部门工作进度；合同履行流程；产成品运输流程；根据经营状况调整生产经营计划。

3.公司总结阶段

财务人员上交电子账资料，对季度、年度公司盈利情况作报告；公司高层开总结大会，对公司运营情况做出分析总结，改正失误以及制订下一年度经营计划、销售目标；检查各部门上交的总结报告；制订下一周期的经营计划。

实习成果

CEO对公司整体经营承担责任，对于CEO的实习成果，主要考核整个公司的总业绩，再参考其在领导公司过程中的行为表现。其中，公司的总成绩由财务、竞赛、公司管理等方面的考评构成。

实习表单

CEO/机构负责人评分表。

相关知识点提示

CEO：首席执行官（Chief Executive Officer，CEO）。首席执行官为一种高级职务名称。

在经济组织机构中，首席执行官是在一个企业中负责日常事务的最高行政官员，又称作行政总裁、总经理或最高执行长官。首席执行官向公司的董事会负责。

6.2 行政秘书岗位实习

实习内容

行政秘书的工作，主要是协助CEO及其他主管开展工作，负责各种文书起草、传达、归档，资料整理，处理公司人际关系，组织会议等。

岗位职责

1.参与公司各项会议，认真听讲，做好公司每天的会议记录，上传文档。
2.负责各部门文件、资料的打印、登记、发放、复印、装订归档工作。
3.负责监督打卡和汇总考勤。
4.监督公司卫生值日安排，监督执行情况及日常卫生检查情况工作。
5.负责公司公章、业务章、合同章的管理与使用登记。
6.采购、保管、登记和按规定发放公司办公用品。
7.未签订散户合同的领用与登记，签订散户合同的归档管理与执行情况的监督。
8.资料及时收集归档（无遗漏缺失），做好文件收发（文件签发及接收）。
9.做好各现场的后勤支持工作，往来接待安排。
10.积极参加各项公司活动。
11.监督各部门日常工作，临时协调处理部门突发事件，保障各部门工作顺利进行。

岗位流程

行政秘书岗位流程如图6-2所示。

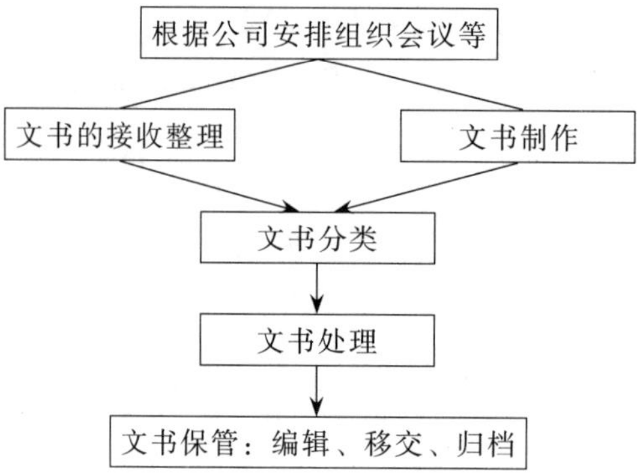

图6-2 行政秘书岗位流程

流程说明

1.准备阶段

参与公司各项会议，记录好CEO各项工作安排。

2.实施阶段

把CEO布置的任务和安排制作成文档，交给CEO审阅，根据CEO所给出的意见进行修改，再上传文档进行备份。

向各部门下达CEO布置的任务和安排，适当提醒各部门及时完成相关报告和报表。

3.总结阶段

做好文件收发（文件签发及接收），资料及时收集归档（无遗漏缺失）。

实习成果

行政秘书的实习成果是整个公司的制度文件、经营文件、会议记录、岗位职责、岗位流程、年度个人报告。

实习表单

无。

相关知识点提示

无。

6.3 CFO岗位实习

实习内容

1.编制预算。

2.进行筹资。

3.进行投资。

4.跟踪计划实施进度。

5.财务分析。

岗位职责

主管公司会计核算、报表、预算工作，负责公司筹资管理、投资管理，编制公司财务预算，根据预算执行情况和公司的财务状况及经营成果进行财务分析。

岗位流程

CFO岗位流程如图6-3所示。

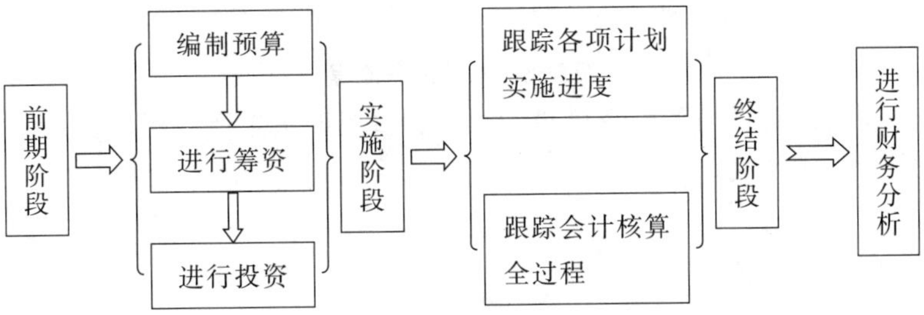

图6-3 CFO岗位流程

流程说明

1.编制预算

编制预算流程如图6-4所示。

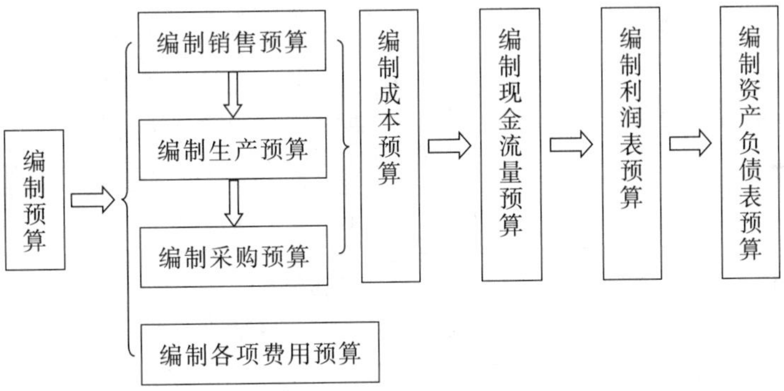

图6-4 编制预算流程

（1）向市场总监了解市场需求，编制各个季度和年度销售预算。

（2）根据销售预算和从生产主管处了解到的生产排程情况编制生产预算；根据生产产量编制采购预算、成本预算；根据从物流主管处了解到的各项费用支出情况编制各项费用预算。

（3）汇总各项预算，编制现金流量预算、利润表预算和资产负债表预算。

2.进行贷款

贷款业务流程如图6-5所示。

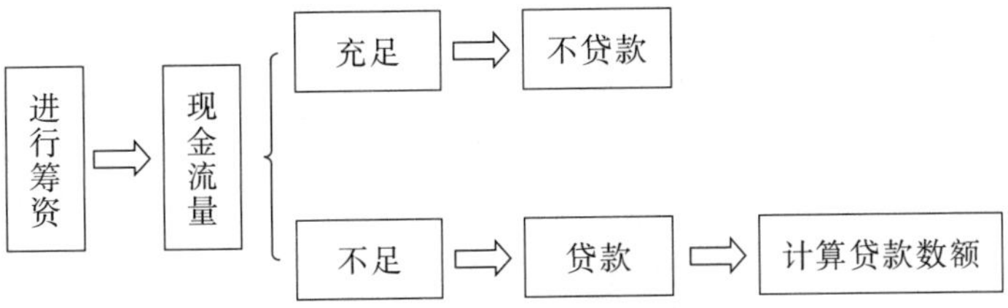

图6-5 贷款业务流程

根据现金流量表做出各个季度的筹资计划，如需进行筹资贷款，则根据公司经营状况计算贷款数额和贷款年限，并根据贷款年限的利率计算利息费用。

3.进行投资

投资业务流程如图6-6所示。

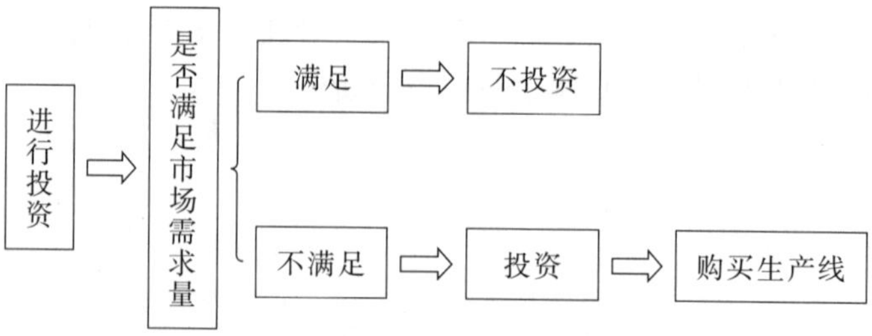

图6-6 投资业务流程

根据公司定位和发展战略做出各个季度投资计划，投资购买生产线用于生产服装产品，随着企业规模的扩大继续投资购买生产线。

4.财务分析

财务分析流程如图6-7所示。

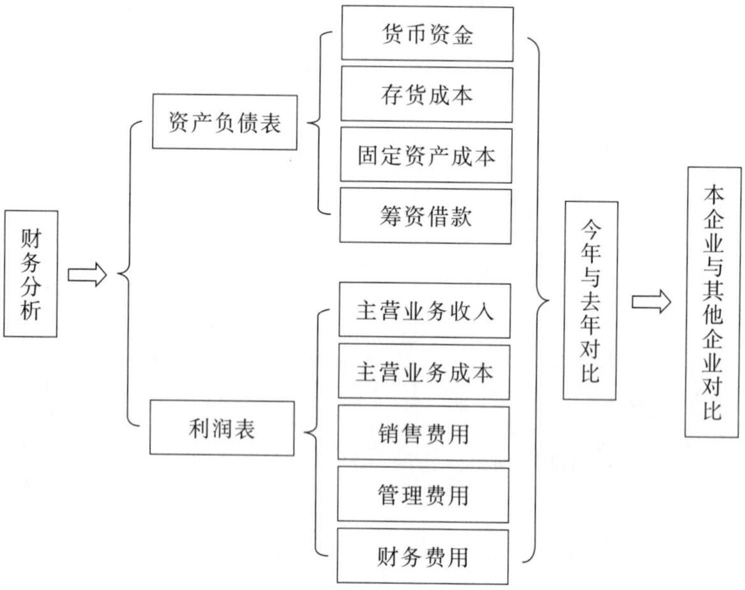

图6-7 财务分析流程

（1）分析资产负债表：分析本期情况，计算同期增长率，计算公司资产负债率，说明公司经营状况。

（2）分析利润表：分析本期情况，计算同期增长率，计算成本费用率，分析成本费用情况，说明公司利润情况。

实习成果

企业财务预算、财务分析报告。

实习表单

财务预算表。

相关知识点提示

1.预算的概念及分类

预算是面向未来，对公司资源配置、业务活动、经营过程等方面进行的规划。

全面预算是企业在一定期间内与经营、财务、投资等价值流相关的总体计划，是企业整体战略发展目标和年度计划的细化。

它以销售预测为起点，进而对生产、成本及现金收支等方面进行预测，并在这些预测的基础上，编制出一套预计资产负债表、预计利润表等预计财务报表及其附表，以反映企业在未来期间的财务状况和经营成果。

2. 财务预算的作用

财务预算是企业全面预算体系的重要组成部分，它在全面预算体系中有以下作用：

（1）财务预算使决策目标具体化、系统化和定量化。在现代企业财务管理中，财务预算能够全面、综合地协调、规划企业内部各部门、各层次的经济关系与职能，使之统一服从于未来经营总体目标的要求；同时，财务预算又能使决策目标具体化、系统化和定量化，能够明确规定企业有关生产经营人员各自职责及相应的奋斗目标，做到人人事先心中有数。

财务预算作为全面预算体系中的最后环节，可以从价值方面总括地反映经营期特种决策预算与业务预算的结果，使预算执行情况一目了然。

（2）财务预算有助于财务目标的顺利实现。通过财务预算，可以建立评价企业财务状况的标准。将实际数与预算数对比，可及时发现问题和调整偏差，使企业的经济活动按预定的目标进行，从而实现企业的财务目标。

3. 预算的编制原则

为提高全面预算的编制质量，预算编制应遵循以下原则：

（1）编制预算要以明确的经营目标为前提。

（2）编制预算时，要做到全面性、完整性。

（3）预算要积极可靠，留有余地。

4. 财务预算的编制方法

（1）按出发点的特征不同，可分为增量预算法与零基预算法。

增量预算法又称调整预算法，是指以基期水平为基础，分析预算期业务量水平及有关影响因素的变动情况，通过调整基期项目及数额，编制相关预算的方法。

增量预算法的前提条件：现有的业务活动是企业所必需的；原有的各项业务都是合理的。

增量预算法的缺点：如果预算期的情况发生变化，预算数额会受到基期不合理因素的干扰，可能导致预算不准确，不利于调动各部门达成预算目标的积极性。

零基预算法是“以零为基础编制预算”的方法，采用零基预算法编制费用预算时，不考虑以往期间的费用项目和费用数额，主要根据预算期的需要和可能分析费用项目和费用数额的合理性，综合平衡编制费用预算。

运用零基预算法编制费用预算的具体步骤如下：

①根据企业预算期利润目标、销售目标和生产指标等，分析预算期各项费用项目，并预测费用水平。

②拟订预算期各项费用的预算方案，权衡轻重缓急，划分费用支出的等级并排列先后顺序。

③根据企业预算期预算费用控制总额目标，按照费用支出等级及顺序，分解落实相应的费用控制目标，编制相应的费用预算。

相对于其编制工作量大的缺点，应用零基预算法编制费用预算的优点是不受前期费用项目和费用水平的制约，能够调动各部门降低费用的积极性。

（2）按其业务量基础的数量特征不同，可分为固定预算法与弹性预算法。

固定预算法又称静态预算法，是指在编制预算时，只根据预算期内正常、可实现的某一固定的业务量（如生产量、销售量等）水平作为唯一基础来编制预算的方法。

固定预算法存在适应性差和可比性差的缺点。它一般适用于经营业务稳定、生产产品产销量稳定、能准确预测产品需求及产品成本的企业，也可用于编制固定费用预算。

弹性预算法又称动态预算法，是在成本性态分析的基础上，依据业务量、成本和利润之间的关系，按照预算期内可能的一系列业务量（如生产量、销售量、工时等）水平编制系列预算的方法。

理论上，弹性预算法适用于编制全面预算中所有与业务量有关的预算，但实务中主要用于编制成本费用预算和利润预算，尤其是成本费用预算。

编制弹性预算，要选用一个最能代表生产经营活动水平的业务量计量单位。例如，以手工操作为主的车间，就应选用人工工时；制造单一产品或零件的部门，可以选用实物数量；修理部门可以选用直接修理工时等。

弹性预算法所采用的业务量范围，视企业或部门的业务量变化情况而定，务必使实际业务量不至于超出相关的业务量范围。一般来说，可定在正常生产能力的70%～110%之间，或以历史上最高业务量和最低业务量为其上下限。弹性预算法编制预算的准确性，在很大程度上取决于成本性态分析的可靠性。

与按特定业务量水平编制的固定预算相比，弹性预算有两个显著特点：其一，弹性预算是按一系列业务量水平编制的，从而扩大了预算的适用范围；其二，弹性预算是按成本性态分类列示的，在预算执行中可以计算一定实际业务量的预算成本，便于预算执行的评价和考核。

运用弹性预算法编制预算的基本步骤如下：

①选择业务量的计量单位。

②确定适用的业务量范围。

③逐项研究并确定各项成本和业务量之间的数量关系。

④计算各项预算成本，并用一定的方式来表达。

弹性预算法又分为公式法和列表法两种具体方法：

公式法是运用总成本性态模型，测算预算期的成本费用数额，并编制成本费用预算的方法。根据成本性态，成本与业务量之间的数量关系可用公式表示为：

$$y=a+bx$$

其中，y表示某项预算成本总额，a表示该项成本中的预算固定成本额，b表示该项成本中的预算单位变动成本额，x表示预计业务量。

列表法是在预计的业务量范围内将业务量分为若干个水平，然后按不同的业务量水平编制预算。

应用列表法编制预算，首先要在确定的业务量范围内，划分出若干个不同水平，然后分别计算各项预算值，汇总列入一个预算表格。

（3）按预算期的时间特征不同，可分为定期预算法与滚动预算法。

定期预算法是以固定不变的会计期间（如年度、季度、月份）作为预算期间编制预算的方法。采用定期预算法编制预算，优点是保证了预算期间与会计期间在时期上对应，便于依据会计报告的数据与预算比较，考核和评价预算的执行结果；缺点是不利于前后各个期间的预算衔接，不能适应连续不断的业务活动过程预算管理。

滚动预算法又称连续预算法或永续预算法，是在上期预算完成情况的基础上，调整和编制下期预算，并将预算期间逐期连续向后滚动推移，使预算期间保持一定的时期跨度。

采用滚动预算法编制预算，按照滚动的时间单位不同可分为逐月滚动、逐季滚动和混合滚动。

①逐月滚动。逐月滚动方式是指在预算编制过程中，以月份为预算的编制和滚动单位，每个月调整一次预算的方法。

如在2019年1月至12月的预算执行过程中，需要在1月末根据当月预算的执行情况修订2月至12月的预算，同时补充下一年1月份的预算；到2月末可根据当月预算的执行情况，修订3月至2020年

1月的预算，同时补充2020年2月份的预算；以此类推。

按照逐月滚动方式编制的预算比较精确，但工作量较大。

②逐季滚动。逐季滚动方式是指在预算编制过程中，以季度为预算的编制和滚动单位，每个季度调整一次预算的方法。逐季滚动编制的预算比逐月滚动的工作量小，但精确度较差。

③混合滚动。混合滚动方式是指在预算编制过程中，同时以月份和季度作为预算的编制和滚动单位的方法。这种预算方法的理论依据是：人们对未来的了解程度具有对近期把握较大、对远期把握较小的特征。

运用滚动预算法编制预算，使预算期间依时间顺序向后滚动，能够保持预算的持续性，有利于考虑未来业务活动，结合企业近期目标和长期目标；使预算随时间的推进不断加以调整和修订，能使预算与实际情况更相适应，有利于充分发挥预算的指导和控制作用。

5.资本结构决策

资本结构决策是在若干可行的资本结构方案中选取最佳资本结构。其中，资本结构是指企业各种资本的构成及其比例关系。资本结构决策在财务决策中具有极其重要的地位，其财务决策的意义为：

（1）合理安排资本结构可以降低企业的综合资本成本。

（2）合理安排资本结构可以获得财务杠杆利益。

（3）合理安排资本结构可以增加公司的价值。

6.长期筹资

长期筹资是指企业作为筹资主体，根据其经营活动、投资活动和调整资本结构等长期需要，通过长期筹资渠道和资本市场，运用长期筹资方式，经济、有效地筹措和集中长期资本的活动。其主要方式有：

（1）吸收直接投资。企业采用吸收直接投资方式筹集的资金一般可分为三类：吸收国家投资、吸收法人投资和吸收个人投资。

吸收直接投资的特点：有利于增强企业信誉，有利于尽快形成生产能力，有利于降低财务风险；资金成本较高，容易分散企业控制权。

（2）发行普通股票。普通股是股份有限公司依法发行的具有管理权、股利不固定的股票。普通股具有股票的一般特征，是股份有限公司资本的基本构成部分。

普通股股东一般具有如下基本权利：公司管理权、分享盈余权、出售或转让股份权、剩余财产要求权。

普通股筹资的特点：没有固定的利息负担，没有固定到期日，筹资风险小，能增加公司信誉；资金成本较高，容易分散控制权。

（3）长期借款。长期借款是指企业向银行或其他非银行金融机构借入的使用期限在1年以上（不含1年）的借款。按是否需要担保，长期借款分为信用借款和担保借款等。

长期借款的偿还方式包括：定期支付利息、到期一次性偿还本金的方式；定期等额偿还方式；平时逐期偿还小额本金和利息，期末偿还余下的大额部分的方式。

长期借款的特点：筹资速度快，筹资成本较低，借款弹性较大；限制条款较多。

（4）发行债券。债券是一种发行人承诺在某一特定的时日将利息与本金付给债券持有人的债权债务凭证。

债券的基本要素包括：债券的面值、债券的期限、债券的利率和利息、债券的价格。

按发行主体不同，债券分为政府债券、金融债券和企业（含公司）债券；按有无抵押担保，债券分为信用债券和有担保债券；按是否可转换成股份，债券分为公司债券（不可转换债券）和可转换公司债券等。

债券筹资的特点：资金成本较低，保证控制权，发挥财务杠杆作用；筹资风险高，限制条件多，筹资额受限。

（5）融资租赁。租赁是指出租人在承租人给予一定报酬的条件下，授予承租人在约定的期限内占有和使用财产权利的一种契约行为。融资租赁又称财务租赁，具体有售后租回、直接租赁和杠杆租赁三种形式。

融资租赁的特点：筹资速度快，限制条款少，设备淘汰风险小，到期还本负担轻，税收负担轻；资金成本较高。

7.财务分析的方法

（1）比率分析法。比率分析法是通过计算各种比率指标来确定经济活动变动指标的分析方法。比率是相对数，采用这种方法，能够把某些条件下的不可比指标变为可以比较的指标，有利于进行分析。比率指标可以有不同的类型，主要有三类：一是构成比率；二是效率比率；三是相关比率。

①构成比率。构成比率又称结构比率，它是某项财务指标的各组成部分数值占总体数值的百分比，反映部分与总体的关系。其计算公式如下：

构成比率=某个组成部分数值÷总体数值×100%

②效率比率。效率比率是以某个项目和与其有关但不同的项目加以对比所得的比率，反映有关经济活动的相互关系。

（2）趋势分析法。趋势分析法又称水平分析法，是通过对比两期或连续数期财务报告中的相同指标，确定其增减变动的方向、数额和幅度，来说明企业财务状况或经营成果的变动趋势的一种方法。采用这种方法，可以分析引起变化的主要原因、变动的性质，并预测企业未来的发展前景。

趋势分析法的具体运用主要有三种方式：一是重要财务指标的比较；二是会计报表的比较；三是会计报表项目构成的比较。

使用趋势分析法需要注意以下问题：第一，用于进行对比的各个时期的指标，在计算口径上必须一致；第二，剔除偶发性项目的影响，使作为分析的数据能反映正常经营状况；第三，应运用例外原则，对某项有显著变动的指标作重点分析，研究其产生的原因，以便采取对策，趋利避害。

（3）因素分析法。因素分析法是依据分析指标与其影响因素的关系，从数量上确定各因素对分析指标影响方向和影响程度的一种方法。因素分析法具体有两种：一是连环替代法；二是差额分析法。

①连环替代法。连环替代法是将分析指标分解为各个可以计量的因素，并根据各个因素之间的依存关系，顺次用各因素的比较值（通常即实际值）替代基准值（通常即标准值或计划值），据以测定各因素对分析指标的影响。

②差额分析法。差额分析法是连环替代法的一种简化形式，它是利用各个因素的比较值与基准值之间的差额，来计算各因素对分析指标的影响。

财务分析的方法有很多种，比率分析法、趋势分析法和因素分析法是最具代表性的三种。这三种方法有一定程度的重合。在实际工作当中，比率分析法应用最广。

6.4 会计主管岗位实习

实习内容

负责公司成本核算、期间费用核算，编制各类财务报表，负责贷款业务。

岗位职责

1.计算生产成本。

2.计算制造费用、管理费用、销售费用和财务费用。
3.完成各类报表。
4.贷款业务。

岗位流程

会计主管岗位流程如图6-8所示。

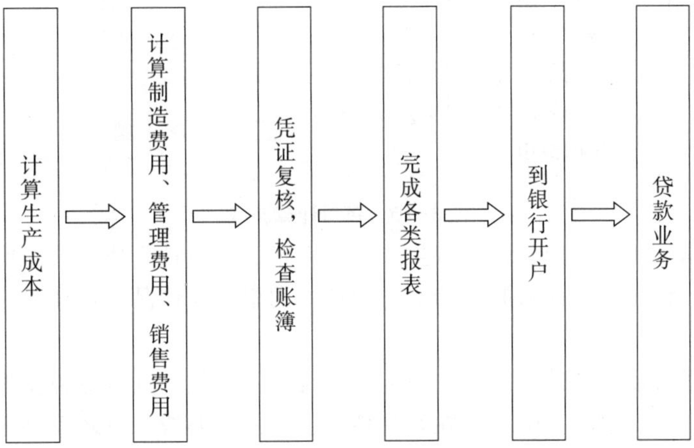

图6-8 会计主管岗位流程

流程说明

1.根据原材料采购和累计折旧计算生产成本（如图6-9所示）

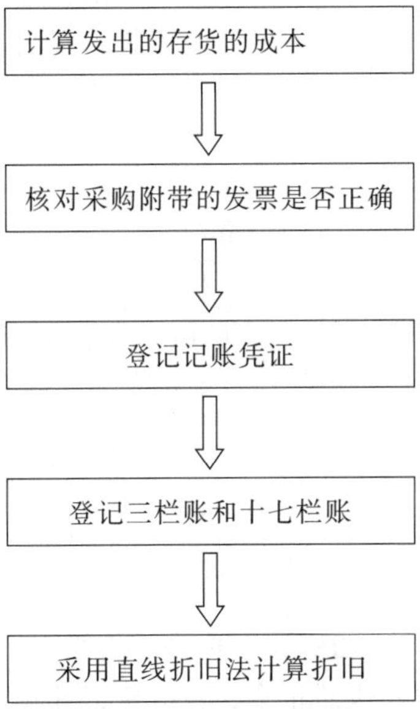

图6-9 计算生产成本流程

（1）企业采用先进先出法，先按存货的期初余额的单价计算发出的存货的成本，领发完毕后，再按第一批入库的存货的单价计算，依此从前向后类推，计算发出存货和结转存货的成本。根据采购系统的数量和单价计算核对采购回来的发票是否正确，正确就登记记账凭证，再根据记账凭证登记三栏账和十七栏账

（2）累计折旧采用直线折旧法计算折旧。

2.根据各部门的费用表算出制造费用、管理费用、销售费用（如图6-10所示）

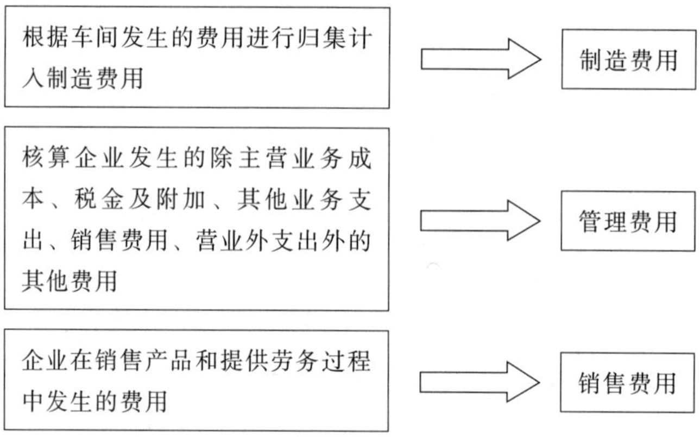

图6-10　费用计算流程

（1）制造费用根据车间进行归集，直接生产线的人工、材料计入成本，车间中其他人工、发生的费用、固定资产折旧、材料消耗计入制造费用。制造费用根据在产品、产成品进行分摊，期末余额就是在产品应分摊的。

（2）管理费用核算企业发生的除主营业务成本、税金及附加、其他业务支出、销售费用、财务费用、营业外支出外的其他费用，包括企业在筹建期间发生的开办费、行政管理部门在经营管理中发生的费用（包括行政管理部门职工薪酬、固定资产折旧、修理费、办公费和差旅费等）、车船税、转线费、生产线维护费等。

（3）销售费用是企业在销售产品和提供劳务等过程中发生的费用，包括由企业负担的运输费、广告费、保险费、销售部门人员工资、职工福利费等。

3.检查记账凭证有没有试算平衡，检查记账凭证、账簿和科目是否正确

4.根据正确的记账凭证计算各类报表（如资产负债表、利润表、现金流量表等）。

5.到银行开户

银行开户流程如图6-11所示。

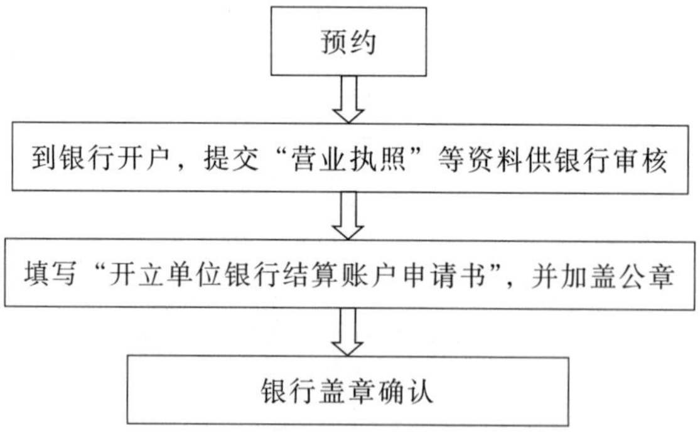

图6-11　银行开户流程

（1）开立账户需提交的资料：营业执照正本；税务登记证正本；公司章程；法人。

（2）其他注意事项。

若公司已启用新版营业执照（包括“三证合一”和“五证合一”的营业执照），则办理各项业务时无须再提供组织机构代码证和税务登记证。

6.办理贷款

根据CFO测算出的总预算表得出需要贷款的金额，并确定需要长期贷款还是短期贷款，经审计检查、审核，若通过就可以到银行进行贷款（如图6-12所示）。

（1）办理贷款所需提供的资料：①企业“营业执照”；②企业“税务登记证明”；③公司章程；

④手写的还款承诺书；⑤经审计师事务所审计的上一年度财务报表。

根据CFO算出的总预算表得出需要贷款的金额

⇩

经审计检查、审核

⇩

提出贷款申请并准备相关材料

⇩

填写“贷款申请书”一式两份

⇩

银行审核后予以批准，由银行保管留底“贷款申请书”一份，另一份交由借款人保管

⇩

每季度末须到银行偿还利息（也可以选择到期后一并偿还）

图6-12 银行贷款流程

（2）说明：第一年度的贷款需提供上述①②③④项材料，从第二年度起申请的贷款只需提供上述④⑤项材料。

实习成果

成本核算表、记账凭证、会计账簿和会计报表。

实习表单

会计凭证、会计账簿、会计报表。

相关知识点提示

1.成本核算的基本流程

（1）生产费用支出的审核。对发生的各项生产费用支出，应根据国家、上级主管部门和该企业的有关制度、规定进行严格审核，以便对不符合制度和规定的费用，以及各种浪费、损失等加以制止或追究经济责任。

（2）确定成本计算对象和成本项目，建立产品成本明细账。企业的生产类型不同，对成本管理的要求不同，成本计算对象和成本项目也就有所不同，应根据企业生产类型的特点和对成本管理的要求，确定成本计算对象和成本项目，并根据确定的成本计算对象建立产品成本明细账。

（3）进行要素费用的分配。对发生的各项要素费用进行汇总，编制各种要素费用分配表，按其用途分配记入有关的生产成本明细账。对能确认某一成本计算对象耗用的直接计入费用，如直接材料、直接工资，应直接记入“生产成本——基本生产成本”账户及其有关的产品成本明细账；对于不能确认某一费用，则应按其发生的地点或用途进行归集分配，分别记入“制造费用”、“生产成本——辅助生产成本”和“废品损失”等综合费用账户。

（4）进行综合费用的分配。对记入“制造费用”、“生产成本——辅助生产成本”和“废品损失”等账户的综合费用，月终采用一定的分配方法进行分配，并记入“生产成本——基本生产成本”以及有关的产品成本明细账。

（5）进行完工产品成本与在产品成本的划分。通过要素费用和综合费用的分配，所发生的各项生

产费用的分配，所发生的各项生产费用均已归集在“生产成本——基本生产成本”账户及有关的产品成本明细账中。在没有在产品的情况下，产品成本明细账所归集的生产费用为完工产品总成本；在有在产品的情况下，就需将产品成本明细账所归集的生产费用按一定的划分方法在完工产品和月末在产品之间进行划分，从而计算出完工产品成本和月末在产品成本。

（6）计算产品的总成本和单位成本。在品种法、分批法下，产品成本明细账中计算出的完工产品成本为产品的总成本；在分步法下，则需根据各生产步骤成本明细账进行顺序逐步结转或平行汇总，才能计算出产品的总成本。以产品的总成本除以产品的数量，就可以计算出产品的单位成本。

2.成本核算的相关账务处理

（1）原材料的采购。

借：原材料

　贷：银行存款

（2）原材料的领用

借：生产成本

　贷：原材料

（3）产品入库

借：库存商品

　贷：生产成本

（4）产品出库

借：主营业务成本

　贷：库存商品

6.5 财务助理岗位实习

（一）实习内容

负责公司收入会计核算，担任出纳、税务会计。

岗位职责

1.开具销售发票，进行收入会计核算。

2.根据采购部、人力资源部以及物流主管给出的相关费用金额开出支票。

3.银行对账。

4.针对发生的相关税费，到税务局报税。

岗位流程

1.开具销售发票，进行收入会计核算

财务助理发票处理流程如图6-13所示。

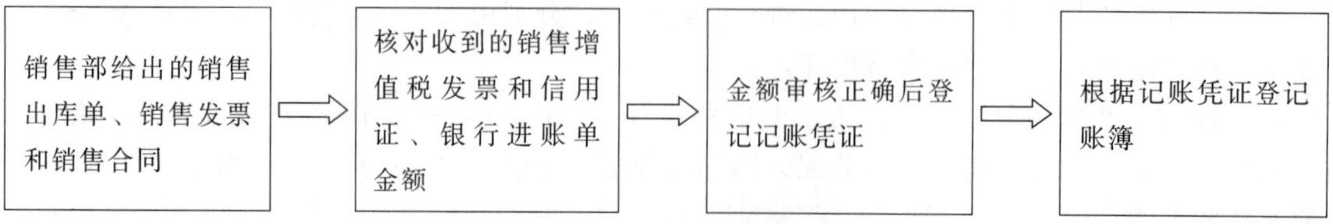

图6-13　财务助理发票处理流程

流程说明

（1）根据销售数量和销售单价，计算得出季度销售额。销售额乘以税率得出销项税额。

（2）针对国内销售开出增值税专用发票，针对国外销售开出普通发票。

（3）收到信用证，拿到银行入账，收到银行进账单。

（4）金额审核正确后录入电子账。

（5）根据采购部、人力资源部以及物流主管给出的相关费用金额开出支票。

2.财务助理支票处理流程

财务助理支票处理流程如图6-14所示。

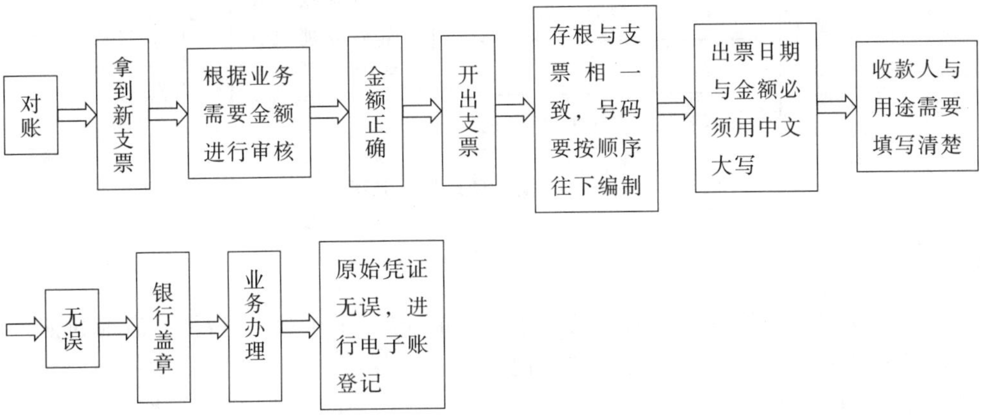

图6-14 财务助理支票处理流程

流程说明

（1）就上一个季度情况与银行对账，余额一致后，拿到新一季度的支票。

（2）支票的开出：根据业务说明审核需要开出的金额，然后再进行支票的填写；须在存根和支票顶部编列并注明支票号码；出票日期必须用中文大写；存根栏的科目和对方科目一般由企业填制，此项也可以省略不填；支票的科目和对方科目一般由银行填制，此项也可以省略不填；清楚填写用途和收款人；持票到银行进行业务办理；审核支票存根和发票，无误后进行电子账登记。

3.银行对账

财务助理对账流程如图6-15所示。

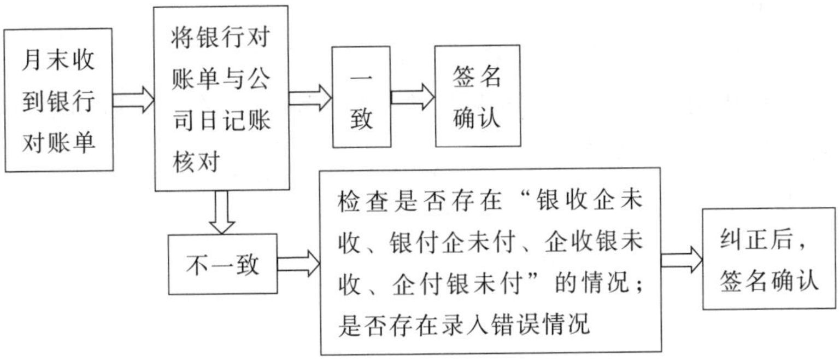

图6-15 财务助理对账流程

流程说明

（1）企业月末收到银行对账单，将银行对账单与公司日记账核对。

（2）两者一致后，CFO签名确认。

（3）两者不一致，需要进行逐笔核对：检查是否存在“银收企未收、银付企未付、企收银未收、企付银未付”的状况；检查是否存在银行录入错误或企业录入错误的情况。

（4）纠正后，CFO或者CEO签名确认。

4. 财务助理报税

财务助理报税流程如图6-16所示。

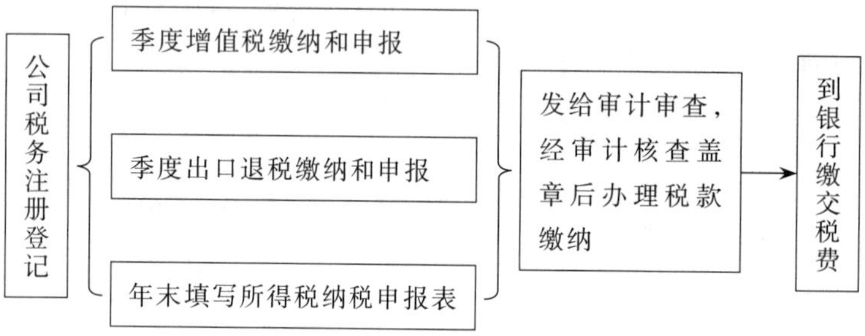

图6-16 财务助理报税流程

流程说明

（1）税务注册登记：到税务局填写“税务登记申请表”（电子版）；取回“营业执照”、“公司章程”和“税务登记回执证明”；完成税务注册登记。

（2）增值税纳税申报。

准备资料：本企业本季度所有的增值税专用发票、购进货物提供增值税专用发票的抵扣联、销售货物提供存根联、银行的所有付款证明（转账支票）。

①根据进销项税情况计算本季度的增值税，到银行开立支票缴交。

②到银行缴交增值税之后将转账支票交税务局保存。

③每季度末需填制“纳税申报表”，如实申报本季度纳税情况，并把电子版发税务局备案。

（3）出口退税。

①外销产品时，根据出口总额核算出口退税额并到税务局申请出口退税补偿。

②核算完毕后，将出口退税表发给审计审查，审查无误后，到税务局领取“出口退税申请表”并如实填写。

③税务局初审后核发“出口退税核准回执”。

④根据“出口退税核准回执”到银行填写“进账单”进账，并取得银行进账单。

（4）所得税纳税申报。

①年末，利用利润总额乘以税率25%计算得出应纳所得税额。

②填制“所得税纳税申报表”，填制完成后发给审计审查，审查无误后到银行缴交所得税，缴交成功后，将转账支票交税务局留底保存。

③录入相关电子账。

实习成果

会计核算资料。

实习表单

各个税种的纳税申报表，银行结算的各种单据，会计凭证，会计账簿。

相关知识点提示

1.收入

收入是指企业在日常活动中形成的、会导致所有者权益增加的、与所有者投入资本无关的经济利益的总流入。

收入按企业从事日常活动的性质不同，分为销售商品收入、提供劳务收入和让渡资产使用权收入。收入按企业经营业务的主次不同，分为主营业务收入和其他业务收入。主营业务收入是指企业为完成其经营目标所从事的经常性活动所实现的收入。其他业务收入是指企业为完成其经营目标所从事的与经常性活动相关的活动实现的收入。

关于收入的会计核算：

（1）外销时（开普通发票）。

借：银行存款——××渠道商

　贷：主营业务收入——P1

（2）销售给国内渠道商时（开增值税专用发票）

借：银行存款——白云第一银行

　贷：主营业务收入——P1

　　　应交税费——应交增值税（销项税额）

2.增值税

增值税是以商品（含应税劳务）在流转过程中产生的增值额作为计税依据而征收的一种流转税。从计税原理上说，增值税是对商品生产、流通、劳务服务中多个环节的新增价值或商品的附加值征收的一种流转税。实行价外税，也就是由消费者负担，有增值才征税没增值不征税。

根据财政部和国家税务总局发布的《关于简并增值税税率有关政策的通知》，自2017年7月1日起，简并增值税税率结构，取消13%的增值税税率，并明确了适用11%税率的货物范围和抵扣进项税额规定。从2018年5月1日起，将制造业等行业增值税税率从17%降至16%，将交通运输、建筑、基础电信服务等行业及农产品等货物的增值税税率从11%降至10%。

3.应交税费的会计核算

（1）增值税一般纳税人应在“应交增值税”明细账内设置“进项税额”“销项税额抵减”“已交税金”“转出未交增值税”“减免税款”“出口抵减内销产品应纳税额”“销项税额”“出口退税”“进项税额转出”“转出多交增值税”等专栏。

其中：

①“进项税额”专栏，记录一般纳税人购进货物、加工修理修配劳务、服务、无形资产或不动产而支付或负担的、准予从当期销项税额中抵扣的增值税额。

②“销项税额抵减”专栏，记录一般纳税人按照现行增值税制度规定因扣减销售额而减少的销项税额。

③“已交税金”专栏，记录一般纳税人当月已交纳的应交增值税税额。

④“转出未交增值税”和“转出多交增值税”专栏，分别记录一般纳税人月度终了转出当月应交未交或多交的增值税税额。

⑤“减免税款”专栏，记录一般纳税人按现行增值税制度规定准予减免的增值税税额。

⑥“出口抵减内销产品应纳税额”专栏，记录实行“免、抵、退”办法的一般纳税人按规定计算的出口货物的进项税抵减内销产品的应纳税额。

⑦“销项税额”专栏，记录一般纳税人销售货物、加工修理修配劳务、服务、无形资产或不动产应收取的增值税税额。

⑧“出口退税”专栏，记录一般纳税人出口货物、加工修理修配劳务、服务、无形资产按规定退

回的增值税税额。

⑨“进项税额转出”专栏，记录一般纳税人购进货物、加工修理修配劳务、服务、无形资产或不动产等发生非正常损失以及其他原因而不应从销项税额中抵扣、按规定转出的进项税额。

（2）“未交增值税”明细科目，核算一般纳税人月度终了从“应交增值税”或“预交增值税”明细科目转入当月应交未交、多交或预交的增值税税额，以及当月交纳以前期间未交的增值税税额。

（3）“预交增值税”明细科目，核算一般纳税人转让不动产、提供不动产经营租赁服务、提供建筑服务、采用预收款方式销售自行开发的房地产项目等，以及其他按现行增值税制度规定应预交的增值税税额。

（4）“待抵扣进项税额”明细科目，核算一般纳税人已取得增值税扣税凭证并经税务机关认证，按照现行增值税制度规定准予以后期间从销项税额中抵扣的进项税额。具体包括：一般纳税人自2016年5月1日后取得并按固定资产核算的不动产或者2016年5月1日后取得的不动产在建工程，按现行增值税制度规定准予以后期间从销项税额中抵扣的进项税额；实行纳税辅导期管理的一般纳税人取得的尚未交叉稽核比对的增值税扣税凭证上注明或计算的进项税额。

（5）“待认证进项税额”明细科目，核算一般纳税人由于未经税务机关认证而不得从当期销项税额中抵扣的进项税额。具体包括：一般纳税人已取得增值税扣税凭证、按照现行增值税制度规定准予从销项税额中抵扣，但尚未经税务机关认证的进项税额；一般纳税人已申请稽核但尚未取得稽核相符结果的海关缴款书进项税额。

（6）“待转销项税额”明细科目，核算一般纳税人销售货物、加工修理修配劳务、服务、无形资产或不动产，已确认相关收入（或利得）但尚未发生增值税纳税义务而需于以后期间确认为销项税额的增值税税额。

（7）“增值税留抵税额”明细科目，核算兼有销售服务、无形资产或者不动产的原增值税一般纳税人，截止到纳入营改增试点之日前的增值税期末留抵税额按照现行增值税制度规定不得从销售服务、无形资产或不动产的销项税额中抵扣的增值税留抵税额。

（8）“简易计税”明细科目，核算一般纳税人采用简易计税方法发生的增值税计提、扣减、预缴、缴纳等业务。

（9）“转让金融商品应交增值税”明细科目，核算增值税纳税人转让金融商品发生的增值税税额。

（10）“代扣代交增值税”明细科目，核算纳税人购进在境内未设经营机构的境外单位或个人在境内的应税行为代扣代缴的增值税。

4.一般纳税企业一般购销业务的会计处理

（1）购进货物：

借：库存商品等

　　应交税费——应交增值税（进项税额）

　贷：银行存款等

（2）销售货物：

借：应收账款等

　贷：主营业务收入

　　　应交税费——应交增值税（销项税额）

5.出口退税涉税账务处理

（1）不予免征和抵扣税额：

借：主营业务成本（出口销售额FOB×征退税率-不予免征和抵扣税额抵减额）

　贷：应交税金——应交增值税——进项税额转出

（2）应退税额：

借：应收补贴款——出口退税（应退税额）

贷：应交税金——应交增值税——出口退税（应退税额）

（3）免抵税额：

借：应交税金——应交增值税——出口抵减内销应纳税额（免抵额）

贷：应交税金——应交增值税——出口退税（免抵额）

（4）收到退税款：

借：银行存款

贷：应收补贴款——出口退税

6.出纳实务中银行业务

银行存款余额调节表可作为银行存款科目的附列资料保存。该表主要用于核对企业账目与银行账目的差异，也用于检查企业与银行账目的差错。调节后的余额是该企业对账日银行实际可用的存款数额。

银行存款余额调节表，是在银行对账单余额与企业账面余额的基础上，各自加上对方已收、本单位未收账项数额，减去对方已付、本单位未付账项数额，以调整双方余额使其一致的一种调节方法。

银行存款余额调节表是一种对账记录的工具，并不是凭证。如果余额相等，则一般没错；否则可能存在未达款项，或者记录错误。

6.6　生产主管岗位实习

实习内容

1.密切与营销、计划、财务、质量等部门的工作联系，加强与有关部门的协作配合工作。

2.负责牵头召开公司每周一次的调度会，与营销部门密切配合，确保产品合同的履行，力争公司生产任务全面、超额完成。

3.负责做好生产统计核算基础管理工作，重视生产用报表管理工作，及时编制上报年、季、月度生产和设备等有关统计报表。

岗位职责

1.根据企业生产计划，组织制订本车间的生产作业计划。

2.负责按计划组织、安排生产工作，确保生产进度。

3.合理调配人员和设备，调整生产布局和生产负荷，提高生产效率。

4.统计分析车间每日的生产情况，寻求改善，提高生产效率。

5.统计分析车间的成本消耗，制定可操作性强的成本控制措施。

6.配合人力资源部做好车间员工考勤及工资核算等事宜。

岗位流程

生产主管业务处理流程如图6-17所示。

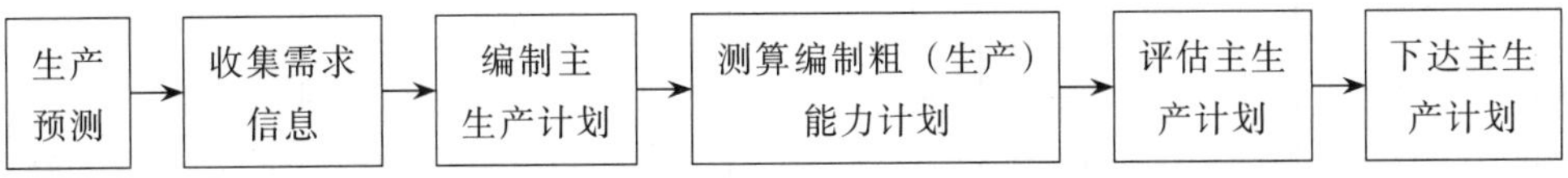

图6-17　生产主管业务处理流程

流程说明

（1）根据生产规划和计划清单确定对每个最终项目的生产预测。

（2）收集需求信息。根据生产预测、已收到的客户订单计算毛需求量。需求的信息来源主要为：当前库存、期望的安全库存、已存在的客户订单、预测其他各项综合需求等。

（3）编制主生产计划。根据毛需求量和事先确定好的批量规则，以及安全库存量和期初预计可用库存量，编制主生产计划，计算各时段的计划产出量和预计可用库存量。

（4）编制生产能力计划。生产能力计划用于对生产中所需的关键资源进行计算和分析。

（5）评估生产计划。用生产能力计划对主生产计划进行评估，对存在的问题提出建议，同意主生产计划或者否定主生产计划。

如果需求和能力基本平衡，则同意主生产计划；如果需求和能力偏差较大，则否定主生产计划，并提出修正方案，力求达到平衡。

调整的方法包括：

改变预计负荷，可以采取的措施主要包括重新安排毛需求量，并通知销售部门拖延订单、终止订单等。

改变生产能力，可以采取的措施主要包括申请加班、改变生产工艺提高生产率等。

（6）在生产计划运算以及生产能力平衡评估通过后，批准和下达主生产计划。

实习成果

主生产计划、生产能力计划。

实习表单

1. 主生产计划表（见表6-1）

表6-1

主生产计划表

（制造部车间）

____年第____周生产计划表

NO.	生产单号	业务员	落单时间	预交日期	确认日期	客户品牌	PO/NO	产品型号	颜色	订单数量	生产完成数量	备注	标准工时（台/时）	计划时间（天）	投产上线	完工入库

制表：　　审核：　　确认：　　批准：

2. 粗（生产）能力计划表（见表6-2）

表6-2 粗（生产）能力计划表

序号	工序名称	设备名称	班产量	开班数	日产量	月产量	应急措施				
							开两班	开三班	备用设备	其他方法	备注

制表：　　审核：　　确认：　　批准：

相关知识点提示

1. 主生产计划

主生产计划（Master Production Schedule，MPS）是闭环计划系统的一部分。MPS的实质是保证销售规划和生产规划对规定的需求（需求什么、需求多少和什么时候需求）与所使用的资源的一致性。MPS考虑了经营规划和销售规划，使生产规划同它相协调。它着眼于销售什么和能够制造什么，这就能为车间制订一个合适的“主生产进度计划”，并以粗（生产）能力数据调整这个计划，直到负荷平衡。

2. 粗（生产）能力计划

粗（生产）能力计划是对生产中所需要的关键资源进行计算和分析。关键资源通常指瓶颈工作中心。粗（生产）能力计划用于核定主要生产资源的情况，即关键工作中心能否满足主生产计划的需要，以使得主生产计划的需求与能力取得平衡。计算毛需求量的基础数据是预测量和订单量。如何根据预测量和订单量得到毛需求量，取决于企业的类型、时区和生产政策。

3. 毛需求量

毛需求量是根据预测量和订单量计算得到的初步需求量。

4. 制订生产计划的原则

（1）最少项目原则：用最少的项目数进行生产计划的安排。如果生产计划中的项目数过多，就会使预测和管理都变得困难。因此，要根据不同的制造环境，选取产品结构的不同级别，进行生产计划的编制，使得在制造和装配过程中，产品或部件选型的数目最少，以改进管理评审与控制。

（2）独立具体原则：要列出实际的、具体的可构造项目，而不是一些项目组或计划清单项目。这些产品可分解成可识别的零件或组件。生产计划应该列出实际要采购或制造的项目，而不是计划清单项目。

（3）关键项目原则：列出对生产能力、财务指标或关键材料有重大影响的项目。对生产能力有重大影响的项目，是指那些对生产和装配过程起重大影响的项目，如一些大批量项目、造成生产能力的瓶颈环节的项目。对财务指标有重大影响的项目，是指与公司的效益直接相关的项目，如制造费用高、含有贵重部件、昂贵原材料、高费用的生产工艺或有特殊要求的部件项目，也包括那些作为公司主要利润来源的、费用相对不是十分突出的项目。对关键材料有重大影响的项目，是指那些准备期很长或供应厂商有限的项目。

（4）全面代表原则：计划的项目应尽可能全面代表企业生产的产品，反映关于制造设施，特别是瓶颈资源尽可能多的信息。

（5）适当裕量原则：留有适当余地，并考虑预防性维修设备的时间。可把预防性维修作为一个项目安排在生产计划中，也可以按预防性维修的时间统筹考虑关键工作中心的生产能力。

（6）适当稳定原则：在有效的期限内应保持适当稳定。生产计划制订后在有效的期限内应保持适当稳定，那种只按照主观愿望随意改动的做法，将会引起系统原有合理的正常的优先级计划的破坏，削弱系统的计划能力。

6.7 采购主管岗位实习

实习内容

1.主持采购部全面工作，提出物资采购计划，报CEO批准后组织实施，确保各项采购任务完成。

2.调查研究各部门物资需求及消耗情况，熟悉各种物资的供应渠道和市场变化情况。

3.按计划完成各类物资的采购任务，并在预算内尽量减少开支。

4.在部门经理例会上，定期汇报采购落实结果。

5.每月初将上月的全部采购任务完成及未完成情况逐项列出，呈CEO及财务部经理，以便于上级领导掌握全公司的采购项目。

6.完成上级交办的其他任务。

岗位职责

1.主持采购部的全面工作。

2.根据项目营销计划制订采购计划，并督导实施。

3.制定本部门的物资管理相关制度，使之规范化。

4.制定物资采购原则，并督导实施。

5.进行采购业务知识的学习，精通采购业务和技巧。

6.控制好物资批量采购，避开由于市场不稳定所带来的风险。

7.监控项目物流的状况，控制不合理的物资采购。

8.进行采购票据的规范指导和审批工作。

岗位流程

采购主管业务处理流程如图6-18所示。

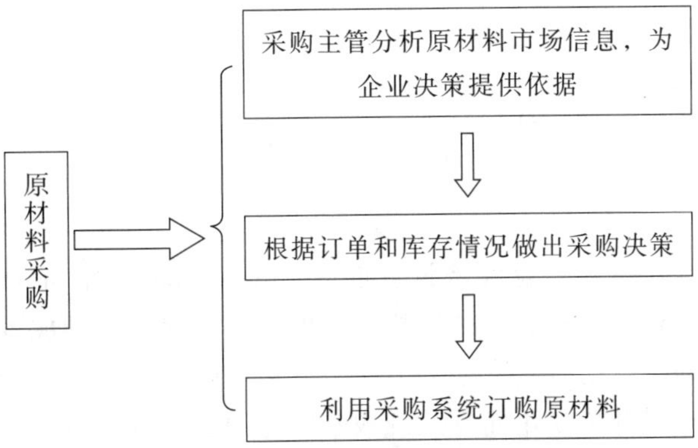

图6-18 采购主管业务处理流程

流程说明

采购主管应对原材料市场信息进行深入分析，为企业制定产品决策提供依据。有些原材料在市场上比较紧俏，需求大于供应；有些原材料在市场上供应很充足，需求小于供应。企业获取订单后，采购主管应根据订单信息计算所需要的各种原材料数量，同时考虑库存量，确定所需采购原材料种类及数量。在原材料采购系统开放时间内订购所需各种原材料。

实习表单

1.年度采购计划表（见表6-3）

表6-3 年度采购计划表

序号	设备名称	型号、规格	采购数量	单价	总价	备注
注：设备采购主要采取招投标采购的方式进行，对于特殊设备可对原产地进行限制，以确保设备采购质量。						

编制： 审核： 批准： 日期：

2.季度材料采购计划表（见表6-4）

表6-4 季度材料采购计划表

材料名称	型号规格	预计材料消耗量			订购量	单价	总价	备注
		月	月	月				

编制： 审核： 批准： 日期：

实习成果

材料市场分析报告、原材料采购计划。

相关知识点提示

确定订货数量应用最广泛的方法是经济订货批量法（Economic Order Quantity，EOQ）。这种方法要求确定订购成本和订购导致的持有成本。这样计算的目的是使这两种成本的总数最小化，当两种成本相等时即可实现这一目的。

可参考的方法是将每年因订单变化而导致的成本变化制表，得出每笔订单的订单量。然而，如果产品的种类很多，应用这种方法的工作量就太大了。为解决这一问题，可参考以下公式来提高整个计算过程的速度。

$$EOQ = \sqrt{\frac{2DS}{H}}$$

D：年需求量（单位/年）

S：订货成本（元/订单）

H：单位储存成本（元/单位）

（1）在一定时期内，确知某项库存的耗用量/销售量，这一数量在分析期保持不变。

（2）每次订货成本（如订单费、验货费等）固定不变。

（3）单件库存储存成本（如仓库保管费、保险费以及库存资金占用的机会成本等）固定不变。

（4）库存能得到及时补充，因而不考虑保险库存。

6.8 物流主管岗位实习

适用岗位

物流主管。

实习内容

运输方案的制订，库存控制方法的选择。

岗位职责

1.全面负责物流工作，确保物流工作顺畅运行。

2.检查物流调度合理性，控制物流运营成本。

3.及时了解市场运价、运力行情及走向，制定物流中长期规划、成本降低目标，进行运费预算，制订运营成本降低计划并实施总结。

4.每月提供物流成本分析报表上交财务经理及销售经理。

5.审核月度运输费用，对数据准确性负责，并及时提交费用结算依据。

6.安排物流供应商的年度评审工作。

岗位流程

物流主管业务处理流程如图6-19所示。

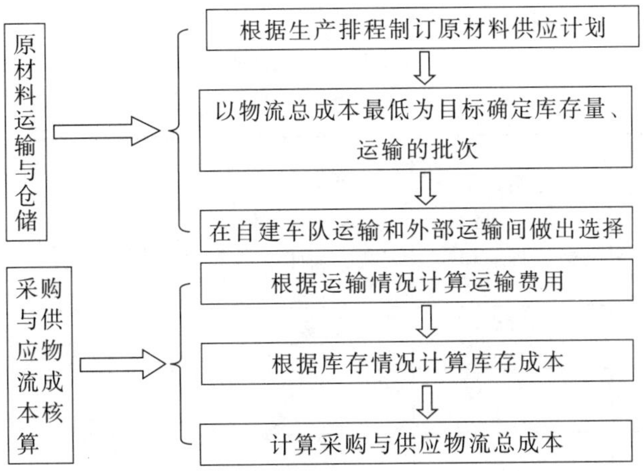

图6-19 物流主管业务处理流程

流程说明

1.原材料运输与仓储阶段

根据生产排程制订原材料供应计划。运输的批次越多，运输成本越高，库存成本越低；反之，运输的批次越少，运输成本越低，库存成本越高。物流主管需在两者之间做好平衡，力求总成本最低。

2.采购与供应物流成本核算阶段

根据原材料运输和仓储的实际情况计算物流总成本，并对运输与库存控制方案进行评价。

实习成果

原材料运输方案、原材料库存控制方案、采购与供应物流成本核算表、运力利用率计算表和仓储利用率计算表。

实习表单

1.季度运输状况统计表（见表6-5）

表6-5 **季度运输状况统计表**

公司名称： 第 季度

车辆编号	车辆类型（运输/配送）	性质（租赁/购置）	满载			空载			装载情况		整体平均装载率	
			天数	当季总运行天数	占当季总运行天数的百分比	天数	当季总运行天数	占当季总运行天数的百分比	当季实际装载量（装载量乘以天数，再求和）	季可装载量（满载量乘以天数，再求和）	季平均装载率	备注
合计												

2.季度库存状况统计表（见表6-6）

表6-6 季库存状况统计表

公司第　　年

仓库编号	仓库类型	租赁或购置	最大库存量	季库存实际总量（实际库存量乘以天数，再求和）	季最大库存总量（最大库存量乘以天数，再求和）	仓库平均利用率	总库容利用率	库存周转率（该期间的出库总金额除以该期间的平均库存金额）	备注
合计									

相关知识点提示

1.物流总成本与效益悖反

物流系统的设计核心是效益悖反，以及由此引出的总成本概念。效益悖反是指各种物流活动成本的变化模式常常互相冲突，而解决冲突的办法是平衡各项活动以使其达到整体最优（如图6-20所示）。

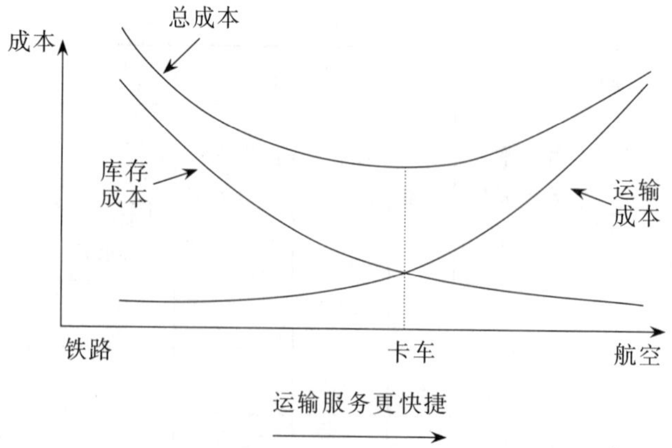

图6-20　物流总成本构成

成功的物流系统以企业所能接受的价格来实现客户所要求的服务。价格和服务是一对矛盾的统一体，公司必须找到二者之间的平衡点才能获得成功。

2.运输管理

（1）运输的功能及其在物流中的作用：①空间效用和时间效用；②扩大商品的市场范围；③保证

商品价格的稳定性；④促进社会分工的发展。

（2）影响运输的因素包括距离和载重量（货载）。

①距离与运输成本的关系如图6-21所示。

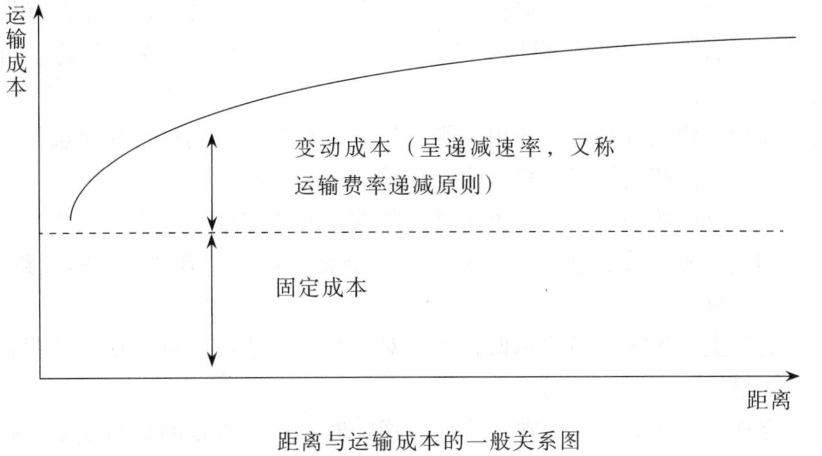

图6-21 距离与运输成本的关系

②载重量（货载）与运输成本的关系如图6-22所示。

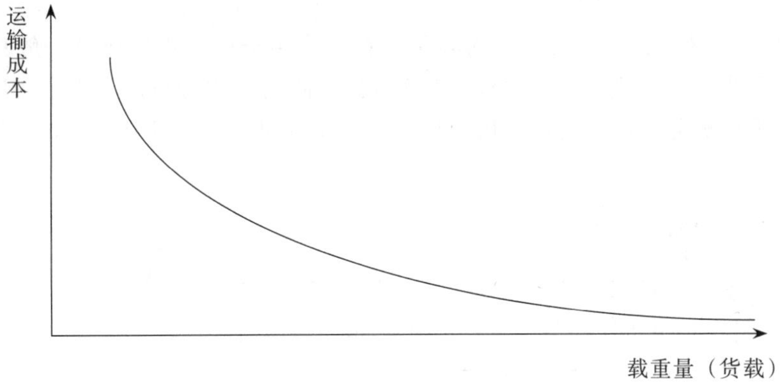

图6-22 载重量（货载）与运输成本的关系

（3）不同运输模式营运特性比较。

铁路运输的优点在于能够以相对较低的价格运送大量的货物，而缺点则是灵活性差，在中短距离、应急运输等方面存在不足。

公路运输具有如下优点：①“门到门”的服务，且运输速度也比较快；②灵活的运输时间表，对于货运量的大小也有很强的适应性；③近距离的中小量的货物运输费用比较低；④几乎没有中转装卸作业，对于包装的要求不会太高。缺点包括：①批量较小；②在进行长距离运输时，运费比较高；③公路运输比较依赖于气候和环境的变化。

水路运输的主要特点如下：成本低廉；运输速度较慢，船行和装卸作业受天气的制约，运输计划很容易被打乱；水路运输的货品必须在码头停靠装卸，准备时间长，而且无法完成“门到门”的服务。

航空运输的特点如下：速度非常快，但费用昂贵；除了靠近机场的城市以外，其他地区不太适用航空运输，必要时须结合公路运输来弥补不足；恶劣的天气情况会对航空运输造成极大的影响，影响航空运输的及时性的实现。

管道运输的特点如下：成本低廉，受天气情况的影响非常小，安全性比较高；其缺点是灵活性不足，多被用来运输液态或气态的产品，而且速度较慢。

（4）运输合理化。物流合理化在很大程度上依赖于运输合理化。运输合理化的影响因素很多，起决定性作用的因素有六个，称为合理运输的“六要素”。

①运输距离。运输时间、运输货损、运费、车辆或船舶周转率等运输的若干技术经济指标，都与运输距离有一定比例关系，运输距离长短是运输是否合理的一个最基本因素。

②运输环节。每增加一次运输，不但会增加起运的运费和总运费，还要增加运输的附属活动，如装卸、包装等，各项技术经济指标也会因此下降。所以，减少运输环节，尤其是同类运输工具的环节，对合理运输有促进作用。

③运输工具。各种运输工具都有其使用的优势领域，对运输工具进行优化选择，按运输工具特点进行装卸运输作业，充分发挥其作用，是运输合理化的重要一环。

④运输时间。运输时间的缩短对整个流通时间的缩短有决定性的作用。此外，运输时间短，有利于加速运输工具的周转，充分发挥运力，有利于货主资金的周转，有利于运输线路通过能力的提高，对运输合理化有很大贡献。

⑤运输费用。实际上，运输费用的降低，无论对于货主企业还是对于物流经营企业而言，都是运输合理化的一个重要目标。

⑥运输规模。合理的运输规模表现在当货件量增加时，单位重量的运输成本会降低。不合理的运输规模表现为在现有条件下可以达到的运输水平而未达到，从而造成了运力浪费、运输时间增加、运输费用超支等问题的运输形式。

3.ABC分析法

ABC分析法基于帕累托法则，其核心内容是：在一个组群中，重要成分一般只占组群中所有成分的一小部分。多年来这一法则被称为“80 / 20法则”。使用ABC分析法是为了协助管理层来确定库存需求和投资中的重要成分，协助决定应用的技术、系统和过程，保证有效、正确使用时间和人工量（如图6-23所示）。

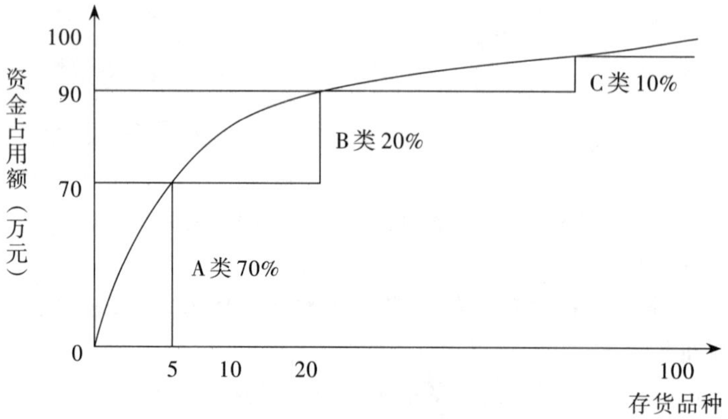

图6-23　ABC分析法示意图

4.产成品库存的原因

产成品库存是已经制造完成并等待装运，可以对外销售的制成产品的库存。企业保持一定数量产成品库存的原因主要有以下几个方面：

（1）节省运费。保持产成品库存的一个原因与前面提到的原材料库存原因类似，即运输的经济性。整车运输比零担运输的运费率低，只要运费低于仓储成本，那么大批量运输就对企业有利。许多企业在市场附近建立面向市场的仓库，产品由工厂大批量运送到仓库，然后将产品以零担方式短距离运送给客户。这样企业不仅可以缩短运货时间、提高服务水平，而且可以降低运输成本及在途存货成本。

（2）获得生产的节约。长期连续生产会降低产品的生产成本，但这意味着生产先于需求，产品不能马上全部销售出去，企业需要权衡考虑降低的生产成本与增加的库存成本之间的关系，对于技术含量高、生命周期短的产品尤其要慎重考虑。

（3）调整季节差异。对于任何企业来说，根据季节性高峰需求设计生产能力是没有效率的，而且风险极大，较好的方法是全年有规律地小规模生产，当然，这也就形成在非高峰需求期间的产成品库存。

（4）提高客户服务水平。由于市场竞争的日益加剧，企业必须不断提高服务水平才能保持和提高竞争力。许多企业采取的一个策略就是将产成品库存靠近客户以利于及时交货，尤其对于可替代性很高的产品，这种策略更为重要。

（5）保留技术工人。在非高峰时期，为了不让技术工人停工失业，就必须继续生产，从而产生库存，在一定时期可起到保留技术工人的作用。

5.产成品库存量的核算原则

（1）计入库存的产成品，必须是已经完成企业内部生产过程，不需要在企业内部进一步加工，经过质量检查，符合国家（或上级主管部门）规定的技术标准或订货合同规定的技术条件，已办理入库手续，可供销售的产成品，有些机电产品还要按规定将所有主机、辅机、备品、备件以及单机配套的各项附属品等配套齐全。已结束生产过程，但尚未验收或已验收尚未办理入库手续的，仍属于生产过程的产品，不应计入产成品库存。购入的产品已运抵企业，但还未验收入库的，是“待验收产品”，不应计入产品库存。

（2）计入库存的产品，必须是生产企业有权销售的产品。凡是存放在生产企业成品库或存放在其他企业、事业单位的仓库或场所的产品，不论是企业自备原材料生产或订货者来料生产的，凡企业有权销售，都必须计入产成品库存量。其他企业、事业单位寄存在生产企业仓库中代保管的物资，企业无权销售，不应计入本企业产成品库存中。

6.产成品库存量的核算方法

产成品库存必须是处于实际库存状态出产品，产品库存是一个时点指标，时点的选择取决于核算产品库存量的目的。在实际统计工作中，一般只要求核算报告期期初和报告期期末库存量。统计期初库存量的目的，在于了解上期期末转入报告期的产品库存数量，为计算本期可供销售资源量提供依据；统计期末产品库存的目的，在于反映与期初库存的变化，为计算下期可供资源量提供依据。计算产成品库存量有两种方法：

（1）盘点法。盘点法也称直接计算法。产成品在其收发保管过程中，由于计量误差、检验疏忽、管理不善、自然损耗以及核算错误等原因，可能发生盘盈、盘亏、毁损等现象，为了加强产成品管理，要求对产品库存定期盘点，确定产成品的实际库存量，并与账面核对，查明盘盈、盘亏、毁损、变质，以及需要返修、报废的产品数量。

（2）间接计算法。间接计算法是根据账面记录的数字，利用收入、销售、库存的平衡关系，推算期末产品库存量的方法。其计算公式为：

期末产成品库存量=期初库存量+本期收入量-本期销售量

这种方法快速及时，工作量较小，可反映库存静态，但准确程度较差，在实际工作中应与盘点法相结合使用。

6.9 营销主管岗位实习

实习内容

1.开展调查工作，了解渠道商和其他竞争公司的情况，对市场需求做出预测。

2.协同财务主管、生产主管、人力资源主管制订公司销售计划。

3.与渠道商开展业务并维持关系。

4.响应订单、参与谈判、签订合同。

岗位职责

1.参与公司经营战略，了解生产模式，熟悉产能结构；进行市场调查和需求评估，制订经营计划。

2.寻找合适的渠道商，确定单数，签订合同。

3.协同生产主管和采购主管，就订单安排生产。

4.协调市场方案，调动资源实现目标。

5.与渠道商建立良好长久的合作关系，互利共赢。

6.制订危机处理预案，密切关注项目进展，及时处理和化解危机。

岗位流程

营销主管岗位流程如图6-24所示。

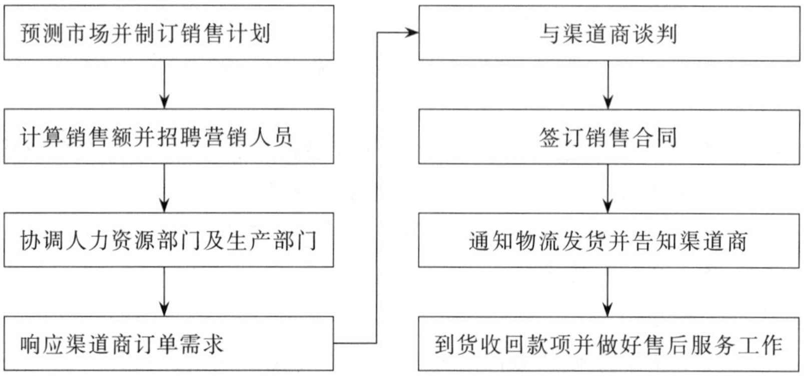

图6-24 营销主管岗位流程

流程说明

1.准备阶段

了解公司生产、财务资源，分析市场需求、竞争公司情况，与公司其他部门共同制订营销计划。

2.实施阶段

响应渠道商订单需求，与渠道商谈判并获得订单，签订合同。

协助行政、生产、物流部门、财务部门安排生产和运输，并向渠道商交货和收取货款。

3.总结阶段

总结业务情况，分析市场变化，制订新的经营计划，维护与渠道商的关系。

实习成果

销售业绩和订单质量。

实习表单

销售计划单、销售合同。

相关知识点提示

1.合同内容

合同又称契约，是当事人之间为了一定的目的而达成的旨在明确双方权利义务关系的协议。经济合同必须依法签订，合同主体、合同标的等必须符合国家法律法规。

合同的主要条款包括：（1）标的；（2）数量和质量；（3）价款和酬金；（4）履行期限、地点和方式；（5）违约责任。

合同的基本格式如下：

甲方：×××（个人写明姓名、性别、年龄、住址，单位写明名称、法定代表人、住所）

乙方：×××（个人写明姓名、性别、年龄、住址，单位写明名称、法定代表人、住所）

甲乙双方经过平等协商，就×××（合同的名称）达成协议如下：

第一条 甲方的权利（写明对合同标的所享有的权利）……

第二条 乙方的权利……

第三条 甲方的义务……

第四条 乙方的义务……

第五条 数量和质量条款（写明数量多少，必须采用通用的计算方式和质量标准）……

第六条 交付方式、地点、验收方式条款……

第七条 合同履行期限……

第八条 违约责任……

第九条 纠纷解决方式……

第十条 本合同一式____份，甲乙双方各执____份。本合同自签字之日起生效。

甲方：×××（签字或者盖章） 乙方：×××（签字或者盖章）

××××年××月××日

2.合同法

《中华人民共和国合同法》由中华人民共和国第九届全国人民代表大会第二次会议于1999年3月15日通过，自1999年10月1日起施行。合同当事人的法律地位平等，一方不得将自己的意志强加给另一方。当事人依法享有自愿订立合同的权利，任何单位和个人不得非法干预。

当事人应当遵循公平原则确定各方的权利和义务。当事人行使权利、履行义务应当遵循诚实信用原则。当事人订立、履行合同，应当遵守法律、行政法规，尊重社会公德，不得扰乱社会经济秩序，损害社会公共利益。

依法成立的合同，对当事人具有法律约束力。当事人应当按照约定履行自己的义务，不得擅自变更或者解除合同。依法成立的合同，受法律保护。

3.业务流程

业务流程是为达到特定的价值目标而由不同的人完成的一系列活动。活动之间不仅有严格的先后顺序限定，而且活动的内容、方式、责任等也都必须有明确的安排和界定，以使不同活动在不同岗位角色之间进行转手交接成为可能。

营销的业务流程，根据不同的营销活动而有所不同，如推销活动的基本业务流程是计划和准备—选择客户—预约客户—洽谈—成交—售后服务。

6.10 人事主管岗位实习

实习内容

根据公司经营计划预测人力资源需求；到人才中心办理招聘和培训手续；制定工资汇总表；支付工资及福利。

岗位职责

1.根据公司发展战略制订人力资源需求计划、招聘计划、培训计划。

2.招聘或解聘公司员工。

3.组织开展培训。

4.组织薪酬的计算，填写薪酬汇总表等表单，发放工资。

5.建立公司人员基本信息数据库，完成人力资源信息统计，完善公司员工档案信息。

6.组织编制部门经费预算并上报财务部审批，控制部门费用开支。

7.参与公司关于人事变动等重大会议的决策。

岗位流程

人事主管岗位流程如图6-25所示。

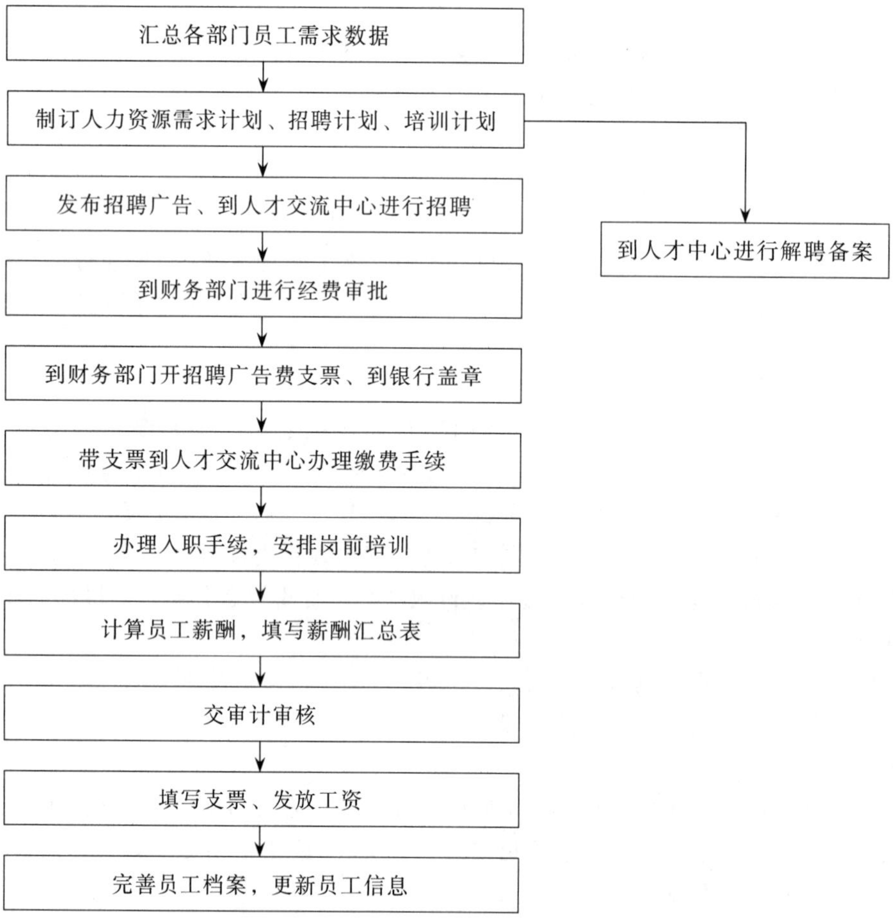

图6-25　人事主管岗位流程

流程说明

1.准备阶段

制订人力资源需求计划、招聘计划、培训计划，由财务部门审批。

2.实施阶段

进行人员招聘、岗前培训、解聘工作，填写薪酬汇总表，发放工资。

（1）使用支票支付招聘广告费、岗前培训费；人才交流中心通过邮件的形式发布招聘广告。

（2）根据仿真规则，招聘需要提前两个季度进行，前一季度招人当季度培训，次季度上岗。

（3）招聘广告费每次为5 000元，岗前培训费为受聘人员月薪的50%×3×人数。

（4）解聘工作需要提前一个季度到人才交流中心备案。

（5）薪酬汇总表须交给审计审核，电子版、纸质版各一份。

3.终结阶段

完善员工档案，更新员工信息。

实习成果

员工需求计划表、招聘计划表、培训计划表、员工薪酬汇总表。

实习表单

员工需求计划表、招聘计划表、培训计划表、员工薪酬汇总表。

相关知识点提示

薪酬是指员工因被组织聘用并做出相应的贡献而获得各种形式的劳动报酬，通常包括两部分：一部分是直接以货币形式支付的报酬，如工资、奖金、津贴等；另一部分是以其他非货币形式支付的奖励，如保险、带薪休假等。

第 7 章

渠道商实习岗位

7.1 CEO岗位实习

实习内容

1.确立公司的发展战略及发展方向。

2.团队的建立及团队的管理。

3.掌握谈判技巧。

岗位职责

1.对公司的一切重大经营运作事项进行决策，包括对财务、经营方向、业务范围的增减等。

2.每天主持早会，协调各个部门的工作。

3.主持公司的日常业务活动。

4.对外签订合同或处理业务。

5.根据各个人员能力，任免公司的高层管理人员，并将工作任务再分配。

6.收集各部门的工作情况，进行总结并决策。

7.将指导教师的通知及时传达给每个组员。

岗位流程

CEO岗位流程如图7-1所示。

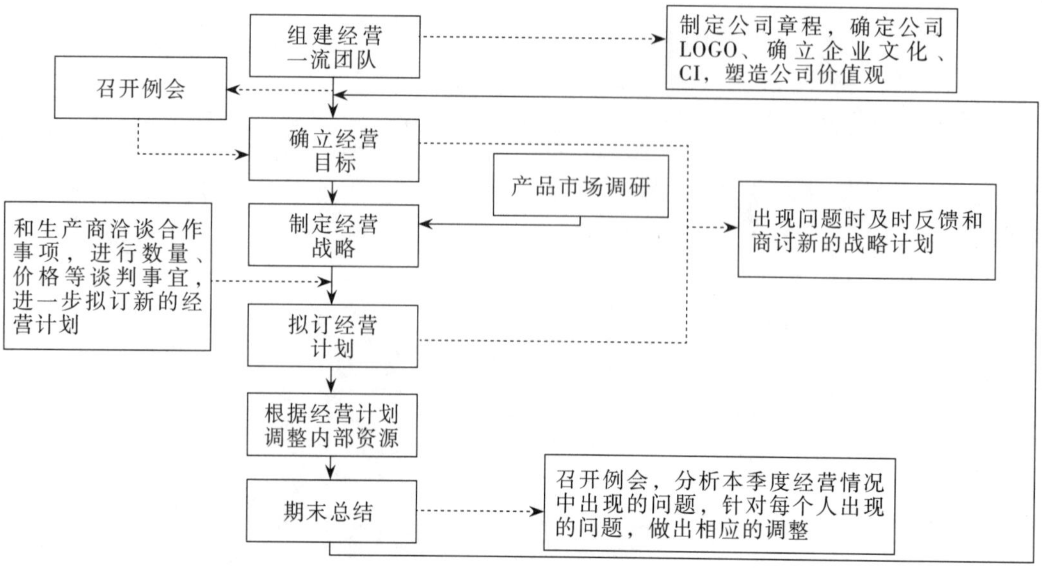

图7-1　CEO岗位流程

流程说明

1.制订公司经营计划

CEO和公司的财会部、营销部、人力资源部、采购部、物流部等部门商讨制订经营销售计划。

2.具体分配每个部门的工作

（1）财会部：制作财务预算表，编制财务分析报告，汇报财务状况。

（2）营销部：进行市场预测，制订市场销售计划，完成公司公关策划。

（3）人力资源部：拟订招聘解聘计划。

（4）采购部、物流部：签订合同，租船订舱，进口报关，采购商品。

实习成果

CEO/机构负责人评分表、经营绩效。

相关知识点提示

无。

7.2 行政秘书岗位实习

实习内容

1.文件管理。

2.例会记录。

3.人力资源的相关工作。

4.协助各部门的工作。

岗位职责

1.根据日程安排表、具体事项安排规划。

2.建立并管理FTP上各个文件夹及文件夹的内容。

3.做好每天例会的记录。

4.协助CEO处理日常工作，协调部门工作，认真并且及时贯彻落实工作决策和指令。

5.及时收集各部门的报告，归档有序，无遗漏缺失，做好文件收发工作。

6.制订本机构人员的招聘规划，包括员工录用与解聘、培训教育、绩效考核、晋级晋职、薪资福利、各类保险、统计报表、编制职工薪酬表等。

7.公司的后勤管理工作以及完成CEO交办的其他任务和各种紧急事务的处理。

岗位流程

行政秘书岗位流程如图7-2所示。

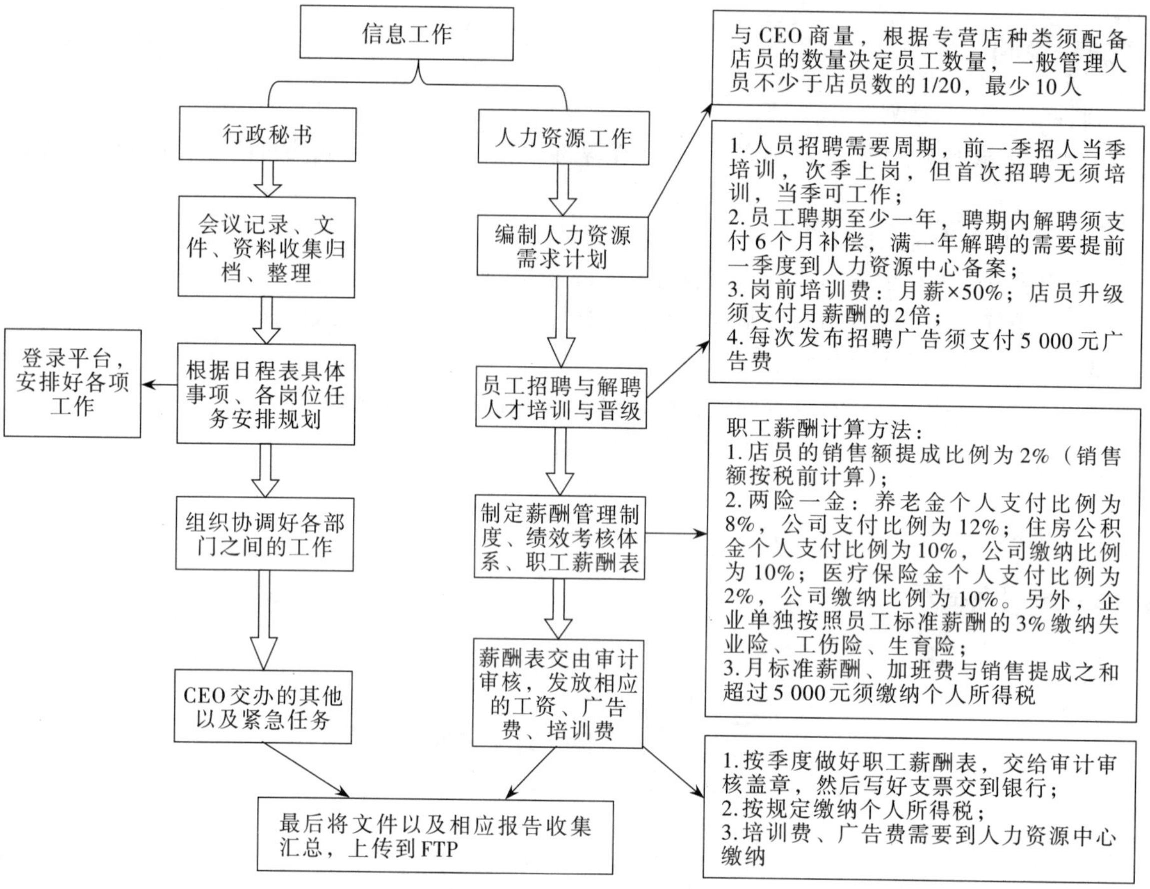

图7-2 行政秘书岗位流程

员工招聘与培训具体业务流程如图7-3所示。

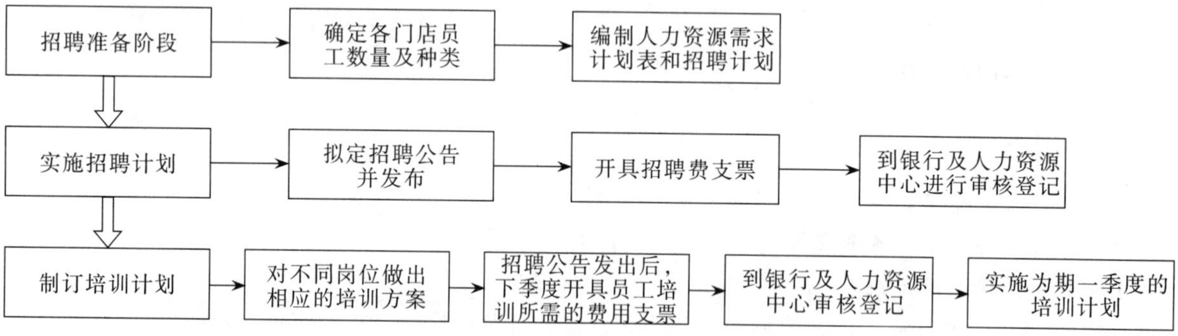

图7-3 员工招聘与培训具体业务流程

流程说明

1.信息整理阶段

（1）会议记录。

（2）日程安排表。

（3）文件收发。

（4）编制人力资源需求计划、培训计划、职工薪酬表。

2.实施阶段

（1）根据会议记录、日程安排表安排好相应工作，协调好各部门以及落实工作，最后完成CEO交办的其他紧急任务。

（2）与CEO商量制订人力资源需求计划，发布招聘广告、员工培训等各种规划，最后编制职工薪酬表，交给审计审核。

3.终结阶段

整理好各种文件并上传至FTP相应文件夹，编制职工薪酬表，由审计人员审核，到银行登记发放工资。

员工招聘流程说明：

（1）招聘准备阶段。根据提供的各产品市场容量信息及销售能力信息，对市场需求进行预测，计算每季度所需的员工种类及数量。

（2）实施招聘计划。人力资源部正式发布招聘公告。

（3）制订培训计划。招聘公告发出后即制订培训计划和方案。招聘公告发出后，下季度开具员工培训所需的费用支票，再下一季度员工培训期开始实施（首次招聘即招即上岗）。

实习成果

会议记录、职工薪酬表、员工需求计划、招聘计划、培训计划。

实习表单

无。

相关知识点提示

无。

7.3 CFO岗位实习

实习内容

1.编制财务预算。

2.筹资。

3.财务分析。

岗位职责

协助CEO进行生产和销售预算，制订筹集和管理资金的计划；支付各项费用（税金、贷款、应收/还账款、管理费等），核算成本；按时报送财务报表，做好财务分析。同时，具体负责公司财务方面的策略制定、执行及公司财务管理和内部控制，根据公司发展的计划完成年度财务预算，制订公司的筹资投资计划，控制好融资成本，提高资金的利用率，获得更高的效益。

岗位流程

CFO岗位流程如图7-4所示。

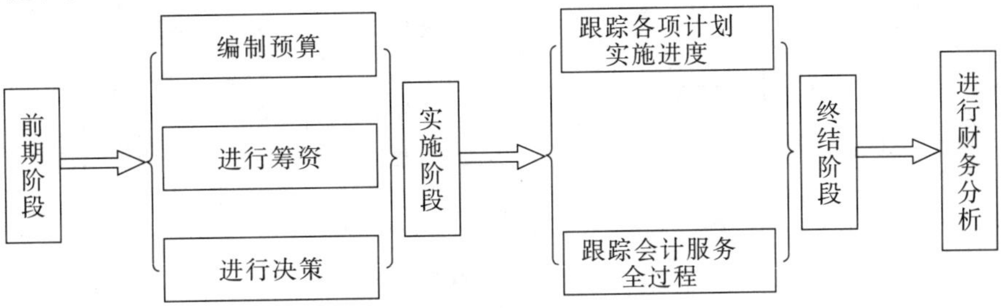

图7-4 CFO岗位流程

流程说明

1.编制预算

编制预算流程如图7-5所示。

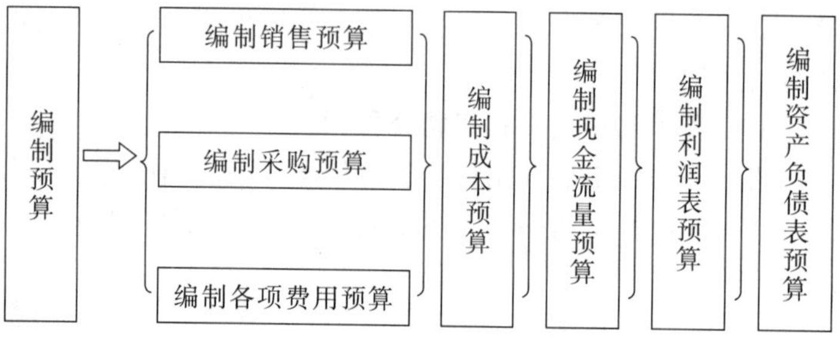

图7-5 编制预算流程

（1）向市场总监了解市场需求，编制各个季度和年度销售预算。

（2）根据销售预算和向采购主管了解到的采购量等信息，编制采购预算及成本预算。

（3）向物流主管了解各项费用支出，编制各项费用预算。

（4）汇总各项预算编制现金流量预算、利润表预算和资产负债表预算。

2.筹资

筹资业务流程如图7-6所示。

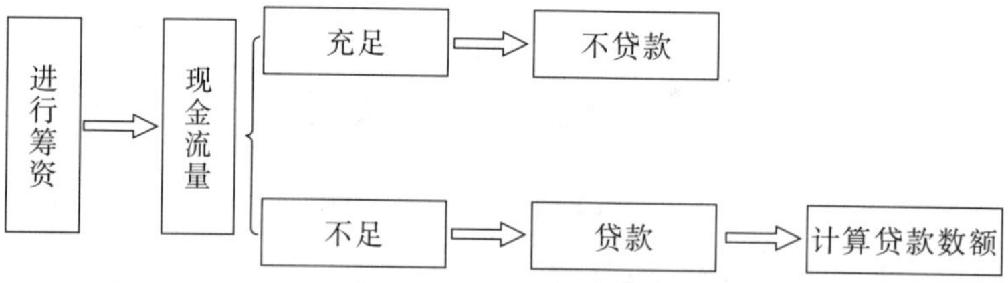

图7-6 筹资业务流程

根据预计现金流量表制订各个季度的筹资计划，如需进行筹资贷款，则根据公司经营状况计算贷款数额和贷款年限，再根据贷款年限的利率计算利息费用。

3.财务分析

财务分析流程如图7-7所示。

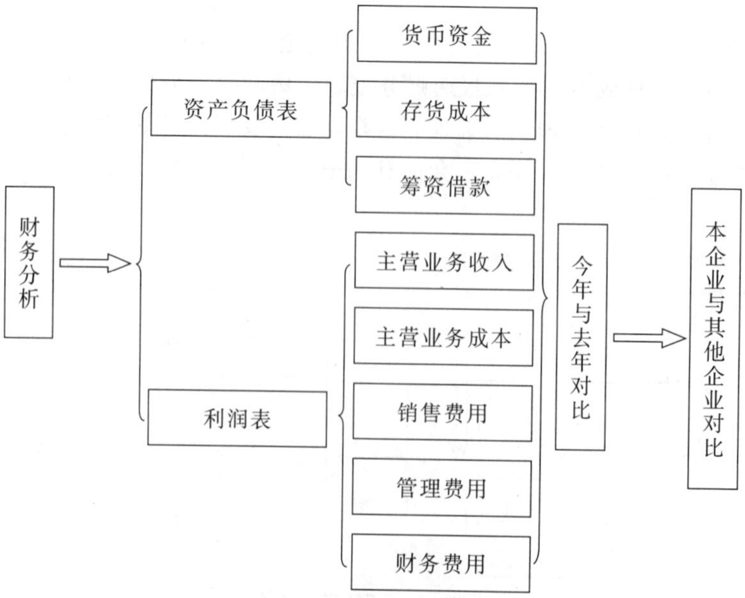

图7-7 财务分析流程

（1）分析资产负债表：分析本期情况，计算同期增长率，计算公司资产负债率，说明公司经营状况。

（2）分析利润表：分析本期情况，计算同期增长率，计算成本费用率，分析成本费用情况，说明公司利润情况。

实习成果

渠道商财务预算表、筹资计划、年度财务分析报告。

实习表单

渠道商财务预算表。

相关知识点提示

1.财务预算

财务预算是集中反映未来一定期间（预算年度）现金收支、经营成果和财务状况的预算。其中，预计利润表是综合反映预算期内企业经营活动成果的一种财务预算，它是根据销售、产品成本、费用等预算的有关资料编制的；预计资产负债表是总括反映预算期内企业财务状况的一种财务预算，是以期初资产负债表为基础，根据销售、生产、资本等预算的有关数据加以调整编制的；预计现金流量表是反映企业一定期间现金流入与现金流出情况的一种财务预算。

2.筹资

筹资等同于资金筹集，是指企业通过各种方式和法定程序，从不同的资金渠道筹措所需资金的全过程。无论其筹资的来源和方式如何，其取得途径不外乎两种：一种是接受投资者投入的资金，即企业的资本金；另一种是向债权人借入的资金，即企业的负债。

3.财务分析

财务分析是以会计核算和报表资料及其他相关资料为依据，采用一系列专门的分析技术和方法，对企业等经济组织过去和现在有关筹资活动、投资活动、经营活动、分配活动的盈利能力、营运能力、偿债能力和增长能力状况等进行分析与评价的经济管理活动。它是为企业的投资者、债权人、经营者及其他关心企业的组织或个人了解企业过去、评价企业现状、预测企业未来做出正确决策提供准确的信息或依据的经济应用学科。

财务分析的方法如下：

（1）比较分析法。这是通过对比两期或连续数期财务报告中的相同指标，确定其增减变动的方向、数额和幅度，来说明企业财务状况或经营成果变动趋势的一种方法。比较分析法的具体运用主要有重要财务指标的比较、会计报表的比较和会计报表项目构成的比较三种方式。

①重要财务指标的比较主要有以下两种方法：定基动态比率，是以某一时期的数额为固定的基期数额而计算出来的动态比率；环比动态比率，是以每一分析期的数据与上期数据相比较计算出来的动态比率。

②会计报表的比较。

③会计报表项目构成的比较是以会计报表中的某个总体指标作为100%，再计算出各组成项目占该总体指标的百分比，从而比较各个项目百分比的增减变动，以此来判断有关财务活动的变化趋势。

采用比较分析法时，应当注意以下问题：

①用于对比的各个时期的指标，其计算口径必须保持一致。

②应剔除偶发性项目的影响，使分析所利用的数据能反映正常的生产经营状况。

③应运用例外原则对某项有显著变动的指标做重点分析。

（2）比率分析法。这是通过计算各种比率指标来确定财务活动变动程度的方法。比率指标的类型主要有构成比率、效率比率和相关比率三类。

①构成比率。构成比率又称结构比率，是某项财务指标的各组成部分数值占总体数值的百分比，

反映部分与总体的关系。

②效率比率。效率比率，是某项财务活动中所费与所得的比率，反映投入与产出的关系。

③相关比率。相关比率，是以某个项目和与其有关但又不同的项目加以对比所得的比率，反映有关经济活动的相互关系。比如，将流动资产与流动负债进行对比，计算出流动比率，可以判断企业的短期偿债能力。

采用比率分析法时，应当注意以下几点：

①对比项目的相关性。

②对比口径的一致性。

③衡量标准的科学性。

（3）因素分析法。因素分析法是依据分析指标与其影响因素的关系，从数量上确定各因素对分析指标影响方向和影响程度的一种方法。

因素分析法具体有两种：连环替代法和差额分析法。

采用因素分析法时，必须注意以下问题：

①因素分解的关联性。

②因素替代的顺序性。

③顺序替代的连环性。

④计算结果的假定性。

7.4 会计主管岗位实习

实习内容

1.成本核算。

2.费用核算。

3.纳税申报。

4.编制报表。

岗位职责

1.负责公司经营活动成本分析、核算与控制。

2.负责公司有关税务申报工作。

3.负责公司财务报表的编制。

岗位流程

1.成本核算。

成本核算流程如图7-8所示。

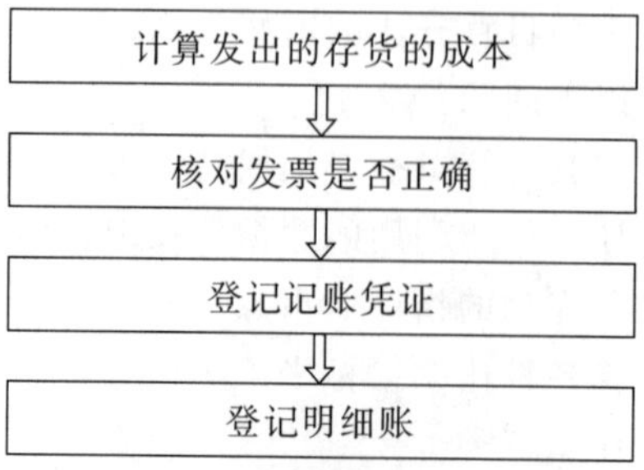

图7-8 成本核算流程

流程说明

企业根据存货发出的计价方法，计算发出存货和结转存货的成本；根据采购系统的数量和单价计算并核对发票是否正确；登记记账凭证；根据记账凭证登记明细账。

2. 费用核算

费用核算流程如图7-9所示。

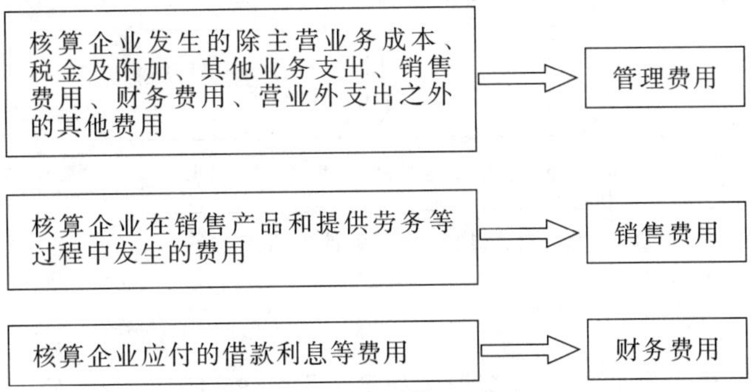

图7-9 费用核算流程

流程说明

（1）管理费用是核算企业发生的除主营业务成本、税金及附加、其他业务支出、销售费用、财务费用、营业外支出之外的其他费用，包括企业租金、行政管理部门在经营管理中发生的费用（包括行政管理部门职工薪酬、办公费和差旅费等）、员工招聘费和培训费等。

（2）销售费用是核算企业在销售产品和提供劳务等过程中发生的费用，包括由企业负担的运输费、广告费、保险费、销售部门人员工资、职工福利费等以及摊销的装修费和升级改造费。

（3）财务费用是核算企业应付的借款利息等费用。

3. 纳税申报

纳税申报业务流程如图7-10所示。

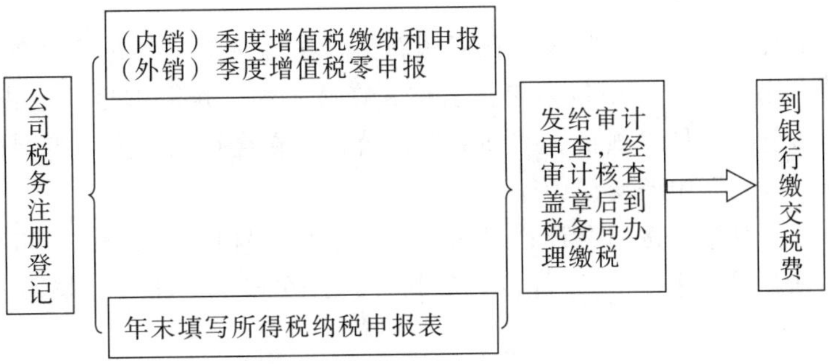

图7-10 纳税申报业务流程

流程说明

（1）税务登记。①到税务局填写“税务登记申请表”（电子版）；②拿回企业的“营业执照”、“公司章程”和“税务登记回执证明”；③完成税务注册登记。

（2）增值税纳税申报（内销）。准备资料：本企业本季度所有的增值税专用发票（购进货物提供增值税专用发票的抵扣联、销售货物提供存根联）；银行的所有付款证明（转账支票）。

①根据进项税和销项税情况计算本季度的增值税，到银行开立支票交费。

②到银行交纳增值税之后将转账支票交税务局。

③每季度末需填制“纳税申报表”，如实申报本季度纳税情况，并把电子版发税务局备案。

（3）所得税纳税申报。①年末，用利润总额乘以税率25%计算得出应纳所得税额；②填制所得税纳税申报表，填制完成后发给审计审查，审查正确后到银行缴交所得税，并将转账支票交税务局；③录入相关电子账。

4.编制报表

根据正确的记账凭证编制各类报表（如图7-11所示）。

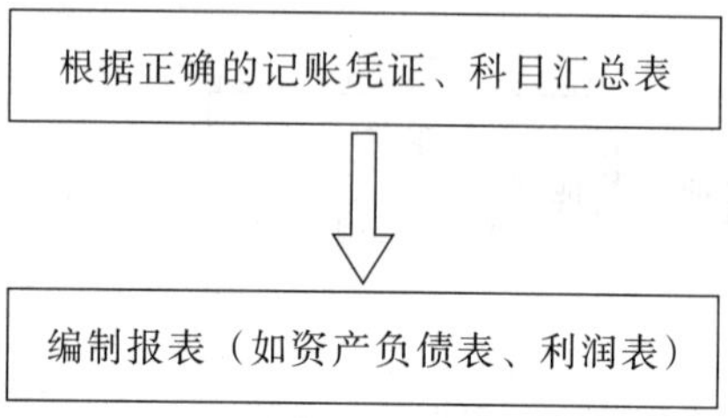

图7-11 编制会计报表流程

流程说明

1.检查记账凭证有没有试算平衡，检查记账凭证、账簿和科目是否正确。

2.编制资产负债表和利润表。

实习成果

成本费用类账簿、增值税纳税申报表、企业所得税纳税申报表、资产负债表、利润表。

实习表单

增值税纳税申报表、企业所得税纳税申报表、资产负债表、利润表。

相关知识点提示

1.启用会计账簿

（1）设置账簿的封面。

（2）登记账簿启用及经管人员一览表。在启用新会计账簿时，应首先填写在扉页上印制的“账簿启用及交接表”中的启用说明，其中包括单位名称、账簿名称、账簿编号、起止日期、单位负责人、主管会计、审计人员和记账人员等项目，并加盖单位公章。在会计人员发生变更时，应办理交接手续并填写“账簿启用及交接表”中的交接说明。

（3）填写账户目录。总账应按照会计科目的编号顺序填写科目名称及启用页码。在启用活页式明细分类账时，应按照所属会计科目填写科目名称和页码，在年度结账后，撤去空白账页，填写使用页码。

2.账务处理程序

账务处理程序，又称会计核算组织程序或会计核算形式，是指会计凭证、会计账簿、财务报表相结合的方式，包括账簿组织和记账程序。我国各经济单位通常采用的主要账务处理程序有五种：记账凭证账务处理程序、汇总记账凭证账务处理程序、科目汇总表账务处理程序、多栏式日记账账务处理程序和日记总账账务处理程序。

以科目汇总表账务处理程序为例，它是根据记账凭证定期编制科目汇总表，再根据科目汇总表登记总分类账的一种账务处理程序。其一般程序是：

①根据原始凭证编制汇总原始凭证。

②根据原始凭证或汇总原始凭证编制记账凭证。

③根据收款凭证、付款凭证逐笔登记现金日记账和银行存款日记账。

④根据原始凭证、汇总原始凭证和记账凭证登记各种明细分类账。

⑤根据各种记账凭证编制科目汇总表。

⑥根据科目汇总表登记总分类账。

⑦期末，现金日记账、银行存款日记账和明细分类账的余额同有关总分类账的余额核对相符。

⑧期末，根据总分类账和明细分类账的记录编制会计报表。

7.5 财务助理岗位实习

(一)实习内容

1.银行开户。

2.贷款业务。

3.收入核算。

4.支票管理。

5.银行对账。

岗位职责

1.办理银行开户和贷款业务。

2.辅助会计主管完成会计记账工作。

3.负责支票管理和银行对账。

岗位流程

1.银行开户

银行开户流程如图7-12所示。

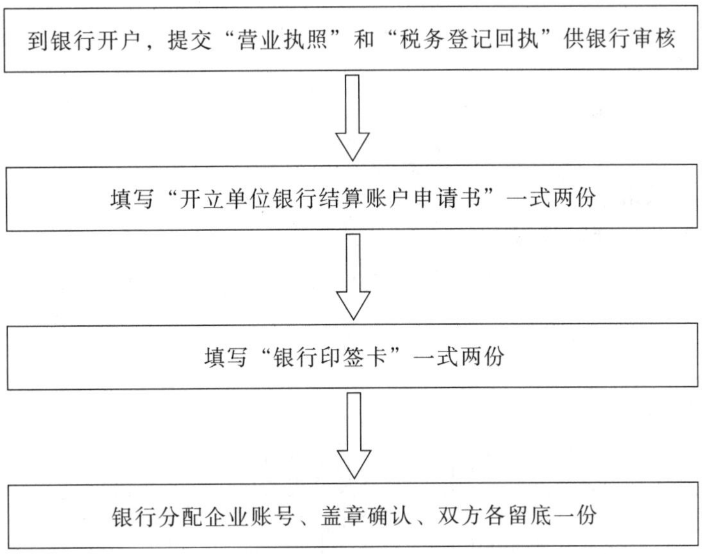

图7-12 银行开户流程

流程说明

(1) 开立账户需提交的资料包括“营业执照”、“税务登记回执”和公司章程。

(2) 其他注意事项：“营业执照”和“税务登记回执”必须加盖相关部门印章。

2.贷款业务

根据CFO核算的总预算表得出需要贷款的金额，确定需要长期贷款还是短期贷款，然后交给审计检查审核，若通过则到银行进行贷款（流程如图7-13所示）。

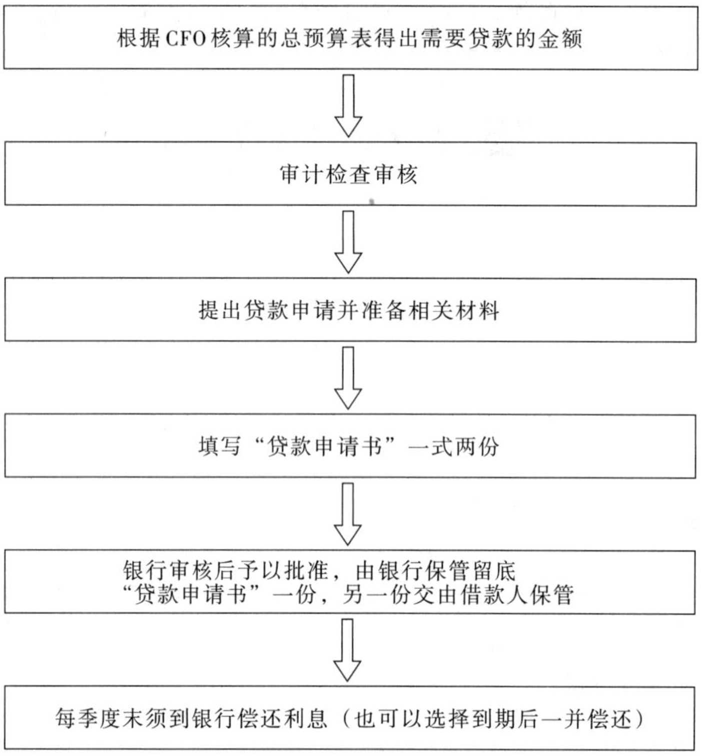

图7-13　贷款业务流程

流程说明

办理贷款所需提供的资料：

（1）企业“营业执照”。

（2）企业“税务登记回执”。

（3）公司章程。

（4）手写的还款承诺书。

（5）经审计的上一年度财务报表。

说明：第一年度的贷款需提供上述前四项材料，从第二年度起申请的贷款只需提供上述后两项材料。

3.收入核算

收入核算流程如图7-14所示。

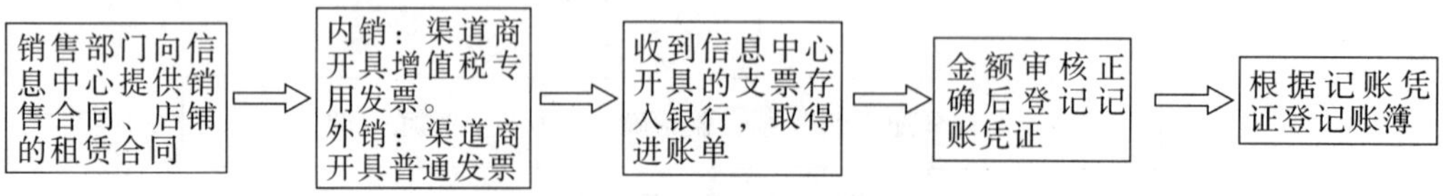

图7-14　收入核算流程

流程说明

（1）（国内市场）根据销售数量和销售单价，得出季度销售额。销售额乘以增值税税率得出销项税额。

（2）国内订单开具增值税专用发票，国外订单开具普通发票。

（3）收到银行进账单。

（4）金额审核正确后录入电子账。

4.支票管理

支票管理流程如图7-15所示。

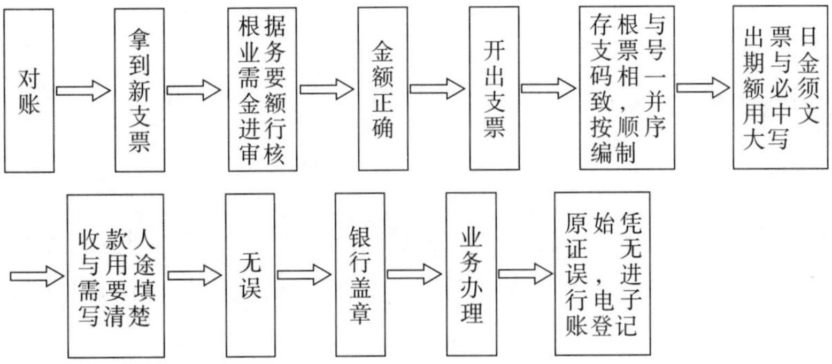

图7-15　支票管理流程

流程说明

（1）开出支票流程：

①根据业务需要审核其金额是否准确，然后才进行支票的填写；②在存根和支票顶部编列并注明支票号码；③出票日期必须用中文大写；④存根栏的科目和对方科目一般由企业填制，此项也可以省略不填；⑤支票的科目和对方科目一般由银行填制，此项也可以省略不填；⑥清晰填写用途和收款人；⑦拿到银行盖章，然后进行业务办理；⑧取回支票存根和发票，审核无误后进行电子账登记。

（2）企业办理付款缴费业务流程：

①缴费企业到银行直接按金额填写现金转账支票一张；②银行扣款，并在支票上盖章确认，将支票交还缴费方；③缴费企业保留存根，并把支票交到相关机构。

（3）渠道商和生产商之间的转账业务流程：

①合同双方达成交易；②买方凭有效的销售合同到银行填写信用证，冻结资金；③银行划账，解冻资金；④买方保留支票的存根用于记账，并将支票交给卖方；⑤卖方凭支票到银行入账，填写“进账单”一式两份。

5.银行对账

银行对账流程如图7-16所示。

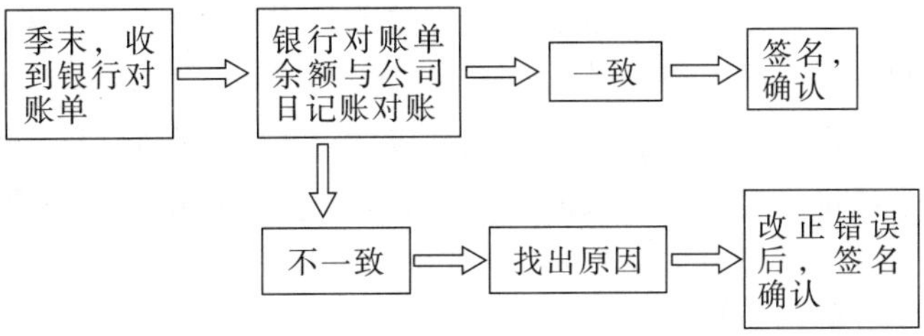

图7-16　银行对账流程

流程说明

（1）企业季末收到银行对账单，拿银行日记账与该对账单上的余额对账。

（2）如两者一致，CFO或者CEO签名确认。

（3）若两者不一致，需要逐笔对账，检查是否存在银收企未收、银付企未付、企收银未收、企付银未付的状况，找出缺少或者多出的金额；检查是否银行录入错误还是企业录入错误。

（4）改正后，CFO签名确认。

实习成果

会计凭证、会计账簿和电子账。

实习表单

支票、进账单、销售合同。

相关知识点提示

1.支票的出票日期填写注意事项：数字必须大写，这里对于“零”的书写要特别注意：

（1）月为壹、贰和壹拾的，应在其前加“零”，叁月至玖月前零字可写可不写，拾壹月、拾贰月前面要加“壹”。

（2）日为壹至玖和壹拾、贰拾和叁拾的，应在其前加“零”；拾壹至拾玖的，应在其前加“壹”，其他日期正常书写。

2.在填制支票过程中若出现错误，不可修改，需要进行作废处理，换一张重新填写。

7.6 采购主管岗位实习

实习内容

1.制定采购预算。

2.制订公司年度采购计划。

3.制订商品采购计划。

4.接收购进商品入仓。

5.审批采购单据。

岗位职责

1.调查研究公司物料需求及消耗情况，熟悉各种物料的供应渠道和市场变化情况。

2.依照公司总体目标，制订仓储安全库存、调度计划，及时拟订采购计划，实施采购操作细则。

3.确定每年各季度的采购计划，统筹策划和确定采购内容。

4.与供应商议价谈判。

5.审核供应商的价格、产能、品质、交货周期，以确定供应商稳定供货的能力。

6.跟踪掌握原材料市场价格行情变化及品质情况，以提升产品品质并降低采购成本。

7.网上发布订单，双方确认订单信息。

8.审核物料采购合同、促销协议。

9.确保供应商费用等指标的完成。

10.确保每家店和配送中心有充足的库存，同时保证较高的商品周转率。

11.完成公司各类物料的采购任务，并在预算内尽可能减少开支。

岗位流程

1.编制采购计划

编制采购计划的流程如图7-17所示。

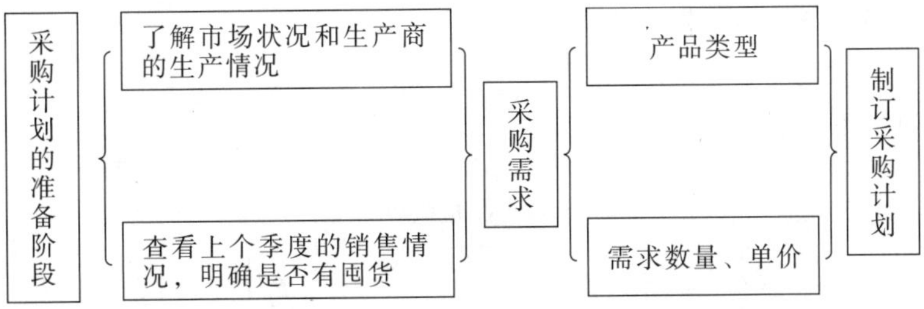

图7-17 编制采购计划的流程

流程说明

（1）根据市场现状和上一季度公司的销售情况，与公司的主要决策者商讨决定公司这一季度的采购需求。

（2）根据初步确定的采购需求完成采购预算，并将预算结果提交给财务部门。

（3）完成的采购计划须提交给公司决策者审核。

2.发布订单

发布订单流程如图7-18所示。

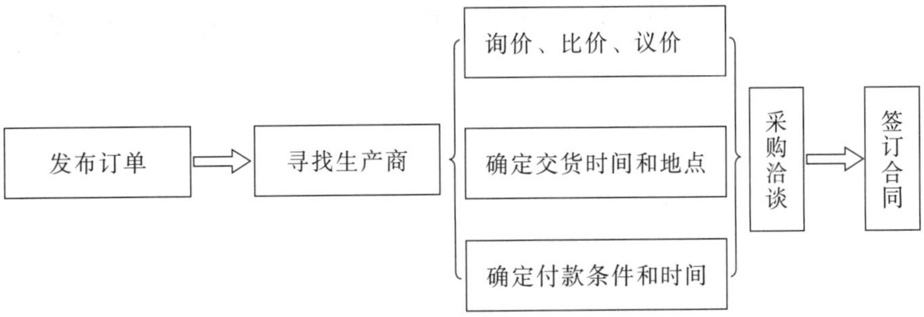

图7-18 发布订单流程

流程说明

（1）在信息中心发出可以发布订单的信息后，根据采购计划，在发布系统上填好产品类型、市场、交易单价、需求数量以及交货期限。

（2）订单被响应后，寻找生产商，与其询价、比价、议价，敲定交易价格、交货时间、地点、交款方式等合同细节，确定合作关系。

（3）与生产商洽谈以后，签订合同。

3.跟进订单

跟进订单流程如图7-19所示。

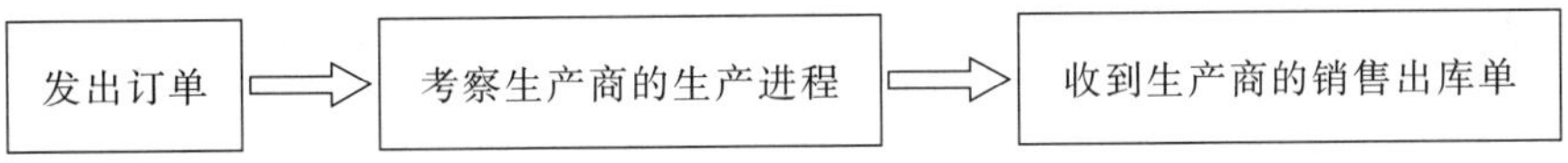

图7-19 跟进订单流程

流程说明

（1）与生产商签订销售合同后，发出订单；生产商完成订单响应。
（2）到生产商的工厂考察生产进度，了解生产细节，明确其是否能够按时交货。
（3）在交货期收到生产商的销售出库单。

4.验收入库

验收入库流程如图7-20所示。

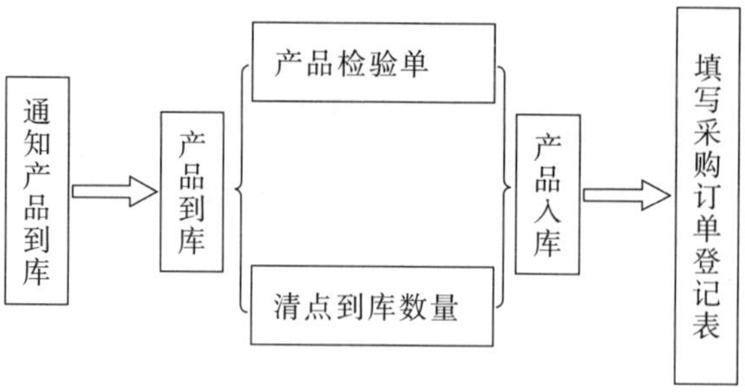

图7-20　验收入库流程

流程说明

（1）产品到达仓库，需检查产品的检验单，查看产品是否合格，并清点实际到库的数量。

（2）将合格的产品安排入库，填写采购订单登记表（包括订单号、生产商的名称、交货数量、交易金额、交货地点以及付款时间），并把其中一联交给财务部门进行登记入账，做相应的财务处理。

实习成果

无。

实习表单

无。

相关知识点提示

无。

7.7　物流主管岗位实习

实习内容

1.编制运力排程表。
2.进行仓储管理。
3.制订配送计划。
4.熟悉外贸流程。

岗位职责

1.计算商品价格、运费及保险费。
2.租船订舱，并将租船订舱的情况告知生产商。

3.购买保险。

4.计算仓库运营费。

5.开立信用证。

6.进出口报关的相关业务。

7.填写各种单据。

岗位流程

1.编制运力排程表

编制运力排程表流程如图7-21所示。

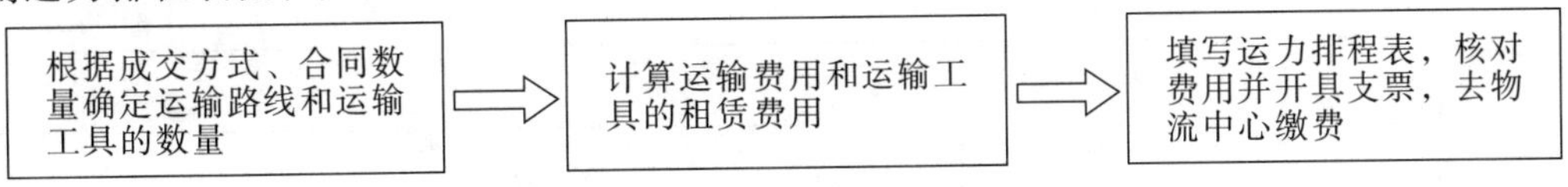

图7-21　编制运力排程表流程

流程说明

（1）根据成交方式（CIF还是FOB）、合同数量确定运输路线和运输工具的数量。

（2）计算出运输费用和运输工具的租赁费用。

（3）根据计算出的数据填写运力排程表，核对费用并开具支票，去物流中心缴费。

2.进行仓储管理

仓储管理流程如图7-22所示。

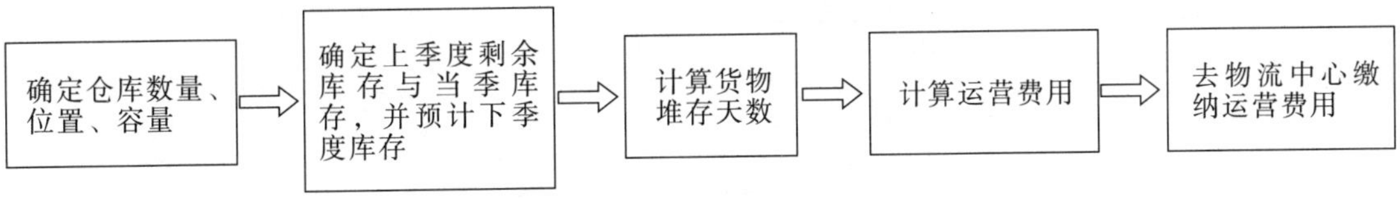

图7-22　仓储管理流程

流程说明

（1）根据仓储需要（存放货物数量等因素）合理地分配仓库。

（2）确定上季度剩余库存与当季库存，并预计下季度库存。

（3）根据交货时间计算货物堆存天数，进而计算运营费用。

（4）核对运营费用并开具支票，去物流中心缴纳运营费用。

3.制订配送计划

根据进货数量不同，配送计划也不同。

配送周期为12天，即每12天要运送一次货物，需要根据店铺的销售量确定配送数量和次数。

配送中心至店铺的这段路程，当配送中心数量少于3个时，需要3天时间，所以要合理制订配送计划。

4.外贸流程

（1）CIF交易形式下的外贸流程（如图7-23所示）。

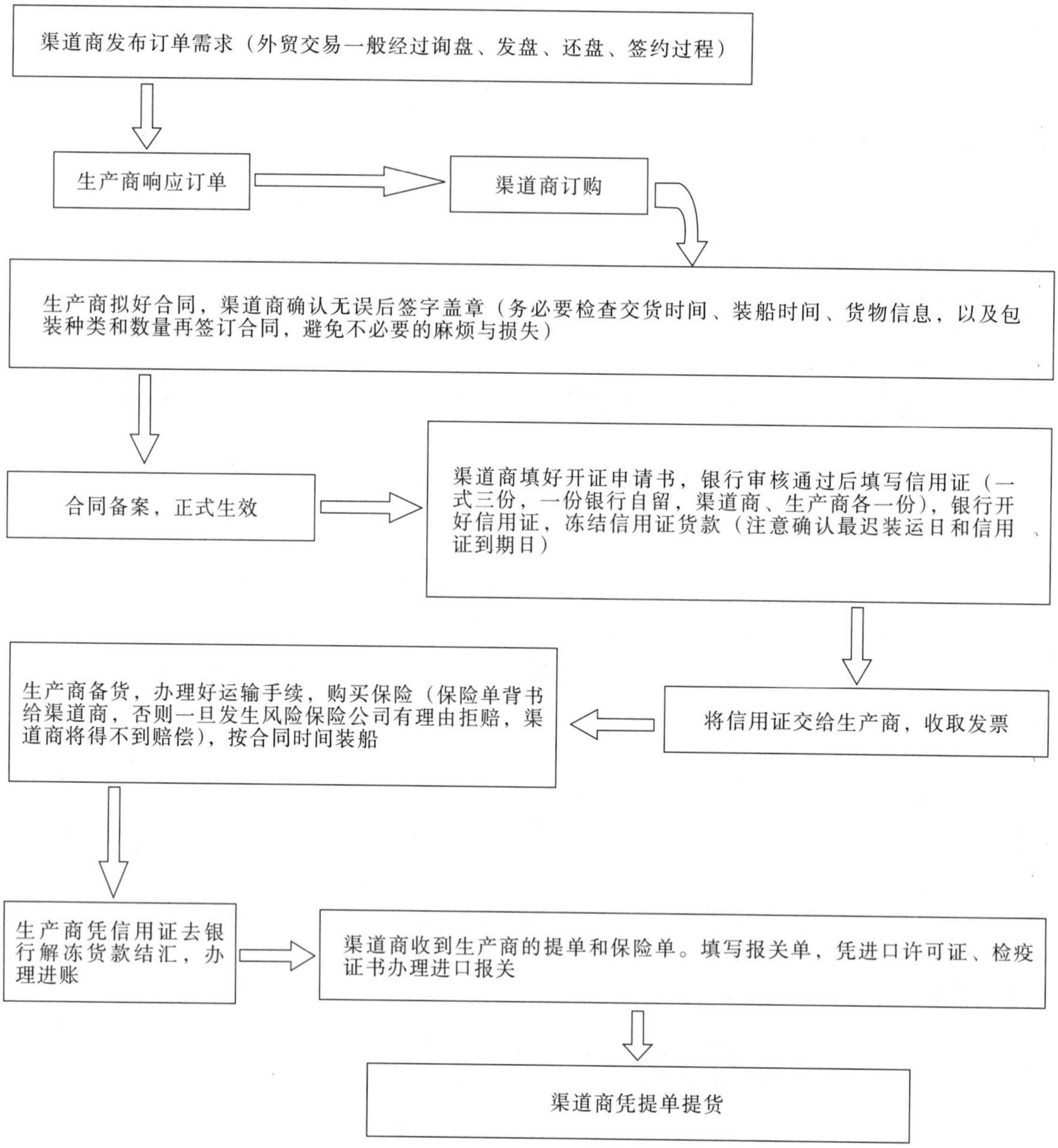

图7-23　CIF交易形式下的外贸流程

流程说明

①渠道商发布订单需求信息，生产商响应，渠道商确认。

②检查好合同的货物信息、装运日、包装数量，确认无误后签署合同。

③填好开证申请书，开立信用证（一式三份），一份银行留底，生产商和渠道商各一份。

④将信用证交给生产商，收取发票；生产商开始备货。

⑤生产商准备好进口许可证、提单、保险单、检验检疫证书，办理出口报关，按合同规定装运时间装船，将海运提单和保险单（保险单务必要背书给渠道商）交给渠道商。

⑥生产商凭信用证解冻货款进账，信用证过期银行有权拒付（信用证付款方式是一种银行信用，信用证是独立于合同的文件，开证行承担第一付款责任）。

⑦渠道商填写报关单，办理进口报关，凭提单提货。

（2）FOB交易形式下的外贸流程（如图7-24所示）

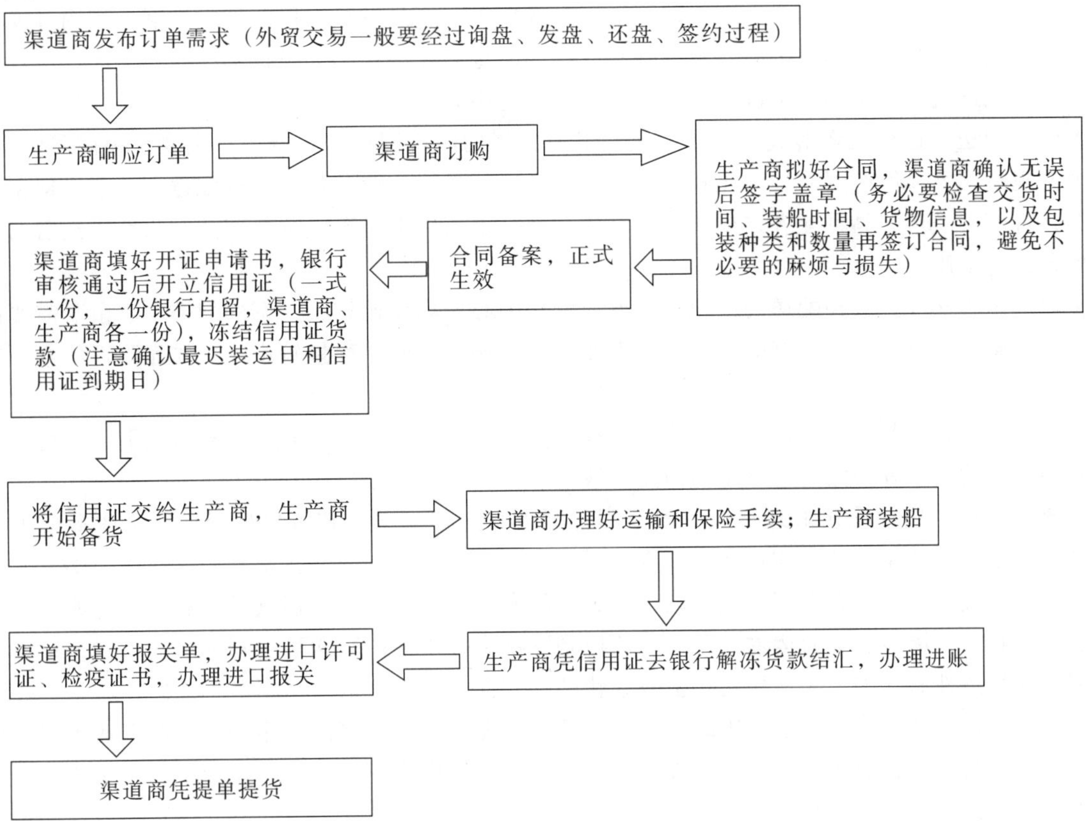

图7-24　FOB交易形式下的外贸流程

流程说明

（1）渠道商发布订单需求信息，生产商响应，渠道商确认。

（2）检查合同的货物信息、件数、价格、装运日、包装数量，确认无误后签署合同。

（3）渠道商填好开证申请书，开立信用证（一式三份），一份银行留底。

（4）信用证交给生产商，收取发票，生产商开始备货。

（5）渠道商办理好运输（FOB交易方式下，渠道商负责码头到码头这段路程的运输，负责租船订舱并且负责运费），渠道商购买保险，通知生产商按合同规定时间装船。

（6）生产商凭信用证去银行解冻货款结汇，办理进账。

（7）渠道商填好报关单，办理进口许可证、检疫证书，办理进口报关。

（8）渠道商凭提单提货

实习成果

无。

实习表单

无。

相关知识点提示

1.配送概念及类型

按照《物流术语（GB/T18354—2006）》，配送是指：在经济合理区域范围内，根据客户要求，对物品进行拣选、加工、包装、分割、组配等作业，并按时送达指定地点的物流活动。

为了满足不同产品、不同企业、不同流通环境的要求，经过较长一段时期的发展，国内外发展出多种配送形式。这些配送形式都有各自的优势，但同时也存在一定的局限性。

（1）按配送组织者不同，可以分为商店配送、配送中心配送、仓库配送和生产企业配送。

①商店配送。这种配送形式的组织者是商业或物资的门市网点，这些网点主要承担商品的零售，一般来说规模不大，但经营品种却比较齐全。除日常经营的零售业务处，这种配送方式还可根据用户的要求，将商店经营的品种配齐，或代用户订购一部分本商店平时不经营的商品，与商店经营的品种一起配齐运送给用户。

②配送中心配送。这种配送的组织者是专业配送中心，规模比较大。有的配送中心由于需要储存各种商品，储存量也比较大；有的配送中心专职组织配送，因此储存量较小，主要靠附近的仓库补充货源。

由于配送中心专业性比较强，与用户之间存在固定的配送关系，因此，一般情况下都实行计划配送，需要配送的商品有一定的库存量，但是一般情况很少超出自己的经营范围。

③仓库配送。这种配送形式是以一般仓库为据点来进行配送。它可以把仓库完全改造成配送中心，也可以在保持仓库原功能前提下，以仓库原功能为主，再增加一部分配送职能。由于不是专门按配送中心要求设计，所以仓库配送规模较小，配送的专业化程度较低，但其可以利用原仓库的储备设施及能力、收发货场地、交通运输线路等，所以是开展中等规模的配送可选择的配送形式，也是较为容易利用现有条件而不需要大量投资、上马较快的形式。

④生产企业配送。这种配送的组织者是生产企业，尤其是进行多品种生产的生产企业可以直接由本企业开始进行配送，而无须再将产品发运到配送中心进行中心配送。生产企业配送由于避免了一次物流中转，所以有其一定优势。

（2）按配送商品种类及数量不同，可以分为单（少）品种大批量配送，多品种、少批量配送和配套成套配送。

①单（少）品种大批量配送。一般来说，对于工业企业需要量较大的商品，由于单独一个品种或几个品种就可以达到较大输送量，可以实行整车运输，这种情况下就可以由专业性很强的配送中心实行配送，往往不需要再与其他商品进行搭配。在这种情况下，由于配送中心的内部设置、组织、计划等工作也较为简单，因此配送成本较低。但是，如果可以从生产企业将这些商品直接运抵用户，同时又不至于使用户库存效益下降时，采用直送方式效果往往更好一些。

②多品种、少批量配送。多品种、少批量配送是根据用户的要求，将所需的各种物品（每种物品的需要量不大）配备齐全，凑整装车后由配送据点送达用户。这种配送作业水平要求高，配送中心设备要求复杂，配货送货计划难度大，因此需要有高水平的组织工作保证和配合。在实践中，多品种、少批量配送往往伴随多用户、多批次的特点，配送频度往往较高。

③配套成套配送。这种配送方式是根据企业的生产需要，尤其是装备型企业的生产需要，把生产每一台件所需要的全部零部件配齐，按照生产节奏定时送达生产企业，生产企业随即可将此成套零部件送入生产线以装配产品。

在这种配送方式中，配送企业承担了生产企业大部分的供应工作，使生产企业可以专注于生产，与多品种、少批量的配送效果相同。

（3）按配送时间及数量不同，可以分为定时配送、定量配送、定时定量配送、定时定线路配送和即时配送。

①定时配送。定时配送是指按规定时间间隔进行配送，比如数天或数小时等，而且每次配送的品种及数量可以根据计划执行，也可以在配送之前以商定的联络方式（比如电话、计算机终端输入等）通知配送的品种及数量。

②定量配送。定量配送是指按照规定的批量，在一个指定的时间范围内进行配送。这种配送方式

数量固定，备货工作较为简单，可以根据托盘、集装箱及车辆的装载能力确定配送的定量，能够有效利用托盘、集装箱等集装方式，也可做到整车配送，配送效率较高。

③定时定量配送。定时定量配送是指按照所规定的配送时间和配送数量进行配送。这种方式兼具定时配送、定量配送两种方式的优点，但是其特殊性强，计划难度大，因此适合采用的对象不多，不是一种普遍的方式。

④定时定线路配送。定时定线路配送是指在规定的运行路线上，制定到达时间表，按运行时间表进行配送，用户可以按规定的路线及规定的时间接货以及提出配送要求。

⑤即时配送。即时配送是指完全按照用户突然提出的时间、数量方面的配送要求，随即进行配送的方式。这是有很高灵活性的一种应急的方式，采用这种方式的品种可以实现保险储备的零库存，使用即时配送代替保险储备。

（4）按加工程度不同，可以分为加工配送和集疏配送。

①加工配送。加工配送是指与流通加工相结合的配送，即在配送据点中设置流通环节，或是流通加工中心与配送中心建在一起。在社会上现成的产品不能满足用户需要，或者是用户根据本身的工艺要求，需要使用经过某种初加工的产品时，可以在经过加工后进行分拣、配货再送货到户。

②集疏配送。集疏配送是指只改变产品数量组成形态而不改变产品本身的物理、化学形态，与干线运输相配合的一种配送方式。例如，大批量进货后小批量、多批次发货，零星集货后以一定批量送货等。

（5）按经营形式不同，可以分为销售配送、供应配送、销售-供应一体化配送和代存代供配送。

①销售配送。销售配送是指配送企业是销售性企业，或者是指销售企业将其作为销售战略一环所进行的促销型配送。一般来讲，这种配送的配送对象是不固定的，用户也往往是不固定的，配送对象和用户往往根据对市场的占有情况而定，其配送的经营状况也取决于市场状况，因此，这种形式的配送随机性较强而计划性较差。各种类型的商店配送一般多属于销售配送。

②供应配送。供应配送是指用户为了自己的供应需要所采取的配送形式。在这种配送形式下，通常是由用户或用户集团组建配送据点，集中组织大批量进货（以便取得批量折扣），然后向本企业配送或向本企业集团的若干企业配送。在大型企业或企业集团或联合公司中，常常采用这种配送形式组织对本企业的供应，例如连锁店就常常采用这种方式。

③销售-供应一体化配送。销售-供应一体化配送是指对于基本固定的用户和基本确定的配送产品，销售企业可以在自己销售的同时，承担用户有计划供应者的职能，既是销售者，同时又是用户的供应代理人，起到用户供应代理人的作用。

销售-供应一体化的配送是配送经营中的重要形式，这种形式有利于形成稳定的供需关系，有利于采取先进的计划手段和技术手段，有利于保持流通渠道的畅通稳定。

④代存代供配送。代存代供配送是指用户将属于自己的货物委托给配送企业代存、代供，有时还委托代订，然后组织对本身的配送。这种配送在实施时不发生商品所有权的转移，配送企业只是用户的委托代理人。商品所有权在配送前后都属于用户所有，所发生的仅是商品物理位置的转移。配送企业仅从代存、代送中获取收益，但不能获得商品销售的经营性收益。在这种配送方式下，商、物是分流的。

2.配送流程

配送流程有两种形态：一般流程和特殊流程。一般流程即配送运动必须经过的基本流程，也是各种货物的配送活动共同具有的流程。特殊流程则刚好相反，它是适应于特殊需要和特殊产品而设计和实施的配送流程，而不是所有的货物配送都必须经历的运动过程。

（1）配送的一般流程。

配送的一般流程基本如下：进货→储存→分拣、配货（配装）→送货。每个流程的作业内容为：

①进货。进货亦即组织货源。其方式有两种：订货或购货（表现为配送主体向生产商订购货物，由后者供货）；集货或接货（表现为配送主体收集货物，或者接收用户所订购的货物）。前者的货物所有权（物权）属于配送主体，后者的货物所有权属于用户。

②储存。储存即按照用户提供的要求并依据配送计划对购到或收集到的各种货物进行检验，然后分门别类地储存在相应的设施或场地中，以备拣选和配货。储存作业一般都包括这样几道程序：运输→卸货→验收→入库→保管→出库。存储作业依产品性质、形状不同而形式各异，有的是利用仓库进行储存，有的是利用露天场地储存，特殊商品（如液体、气体）则须储存在特制的设备中。

③分拣、配货（配装）。分拣、配货（配装）是同一个流程中的两项有着紧密联系的经济活动。有时，这两项活动是同时进行和同时完成的（如散装物的分拣和配货）。在进行分拣、配货作业时，少数场合是以手工方式进行操作的，更多的场合是采用机械化或半机械化方式进行的。

④送货。在送货流程中，包括这样几项活动：搬运、配装、运输和交货。其作业程序为：配装→运输→交货。送货是配送的终结，故在送货流程中除了要圆满地完成货物的移交任务以外，还必须及时进行货款（或费用）结算。在送货这道工序中，运输是一项主要的经济活动。据此，在进行送货作业时，选择合理的运输方式和使用先进的运输工具，对于提高送货质量至关重要。就前者而言，应选择直线运输、配载运输方式进行作业。

（2）配送的特殊流程。

在实践中，某些有特殊性质、形状的货物，其配送活动有许多独特之处（例如，液体状态的物质资料的配送就不存在配货、配装等工序，金属材料和木材等生产资料的配送常常附加流通加工工序），因此，在配送的一般流程的基础上，又产生了配送的特殊流程。

3.配送应用

（1）在销售环节的应用——销售配送。销售配送的经营管理模式有以下几种：

①电子商务的销售配送。电子商务的销售配送有：和B-to-C电子商务配套的“门到人”销售配送、和B-to-B电子商务配套的“门到门”配送。

②批发分销型销售配送。大型商业批发企业、工业企业、农业企业在国际贸易或全国性、大范围的批发分销中主要适用批发分销型销售配送。

③零售型销售配送。零售型销售配送是面向广大消费者的配送，主要是“门到人”和“门到门”方式的配送。

零售型销售配送可以采用电子商务的交易方式，也可以采用电话订货、传真订货、通信订货以及现在广泛采用的商店购货等方式进行交易活动，然后采用“商物分离”的方式，由配送中心或者商店进行配送。

（2）在供应环节的应用——供应配送。供应配送往往针对特定的用户，用配送方式满足这特定用户的供应需求。

这种方式配送的对象是确定的，用户的需求是确定的，用户的服务要求也是确定的，所以，这种配送可以形成较强的计划性和较为稳定的渠道，有利于提高配送的科学性和强化管理。这也是“供应链管理”的前提条件。

供应配送有以下两种方式：

①由企业自己组织。这种配送组织管理方式多适用巨型企业和集团企业。这种类型的企业可以实行统一订货、集中库存、准时配送的方式，以保证车间和分厂或分公司的供应配送服务，甚至可以达到“零库存”的配送供应服务。在同一企业之内，可以建立比较完善的信息系统，有统一的计划、指挥系统，可以做到企业内需求和供应的同步，有较强的科学性。

②由社会物流服务商（第三方物流）提供。这种配送组织管理方式，是由社会物流服务商对某一

企业或者若干企业的供应需求实行统一订货、集中库存、准时配送或其他配送服务的方式。依靠社会物流服务商的专业配送服务，可以使企业专注于本身的核心竞争力和核心生产力，把供应服务委托给专业的第三方物流企业去做，往往可以取得更好的供应保障和更低的成本。

（3）销售-供应体化配送。它是由生产企业或者是销售企业以自己生产和经营的产品供应给用户的配送形式。第三方物流只是受用户之委托，以自己的专业特长和配送渠道代理用户进行供应，而不是货物的所有者。货物所有者在实现销售的同时对用户完成了供应，这种方式是在有连锁关系的企业之间、子企业和母企业之间经常采用的方式。

7.8 营销主管岗位实习

实习内容

1.进行市场调查及预测。
2.制订专营店销售计划。
3.制订专营店建设计划。

岗位职责

1.进行市场调查，收集数据。
2.制订营销计划，确定实施的可能性。
3.制订员工培训计划，监督培训进度。
4.区域市场预测，制订广告投放计划。
5.统计季度销售额，分析数据。
6.进行下一年度的营销策划。

岗位流程

1.市场调查预测（流程如图7-25所示）

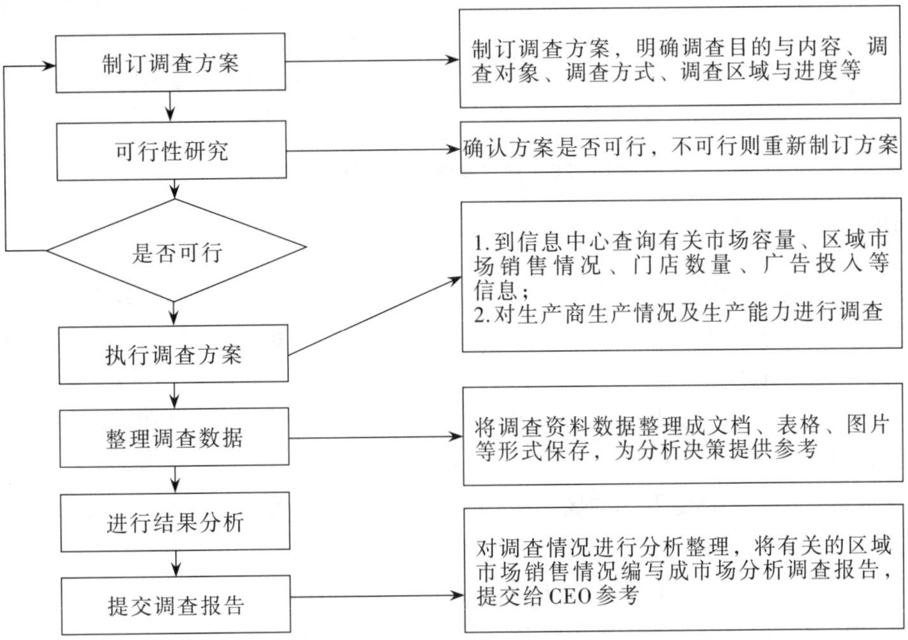

图7-25 市场调查预测流程

流程说明

（1）制订调查方案。营销部制订市场调查方案，明确调查目的与内容、调查对象、调查方式、调查区域与进度等。

（2）可行性研究。对市场调查方案进行可行性判断，如果方案可行，则开始准备执行；如果方案不可行，则将原方案退回修改，重新制订。

（3）执行调查方案。①到信息中心查询有关市场资料，如每季度市场容量、区域市场销售情况、广告投入、门店规模、销售产品种类、总销售量等各种信息。②对生产商的生产能力进行调查，熟悉生产商的生产情况。

（4）整理调查数据。将调查所得资料进行整理分类，以文档、图表等不同形式保存，为分析决策提供参考。

（5）进行结果分析，提交调查报告。将所得资料进行整理，对数据进行详细分析，并将分析结果编制成市场调查报告，提交给CEO、CFO参考，方便进行市场决策。

2. 专营店销售计划（流程如图7-26所示）

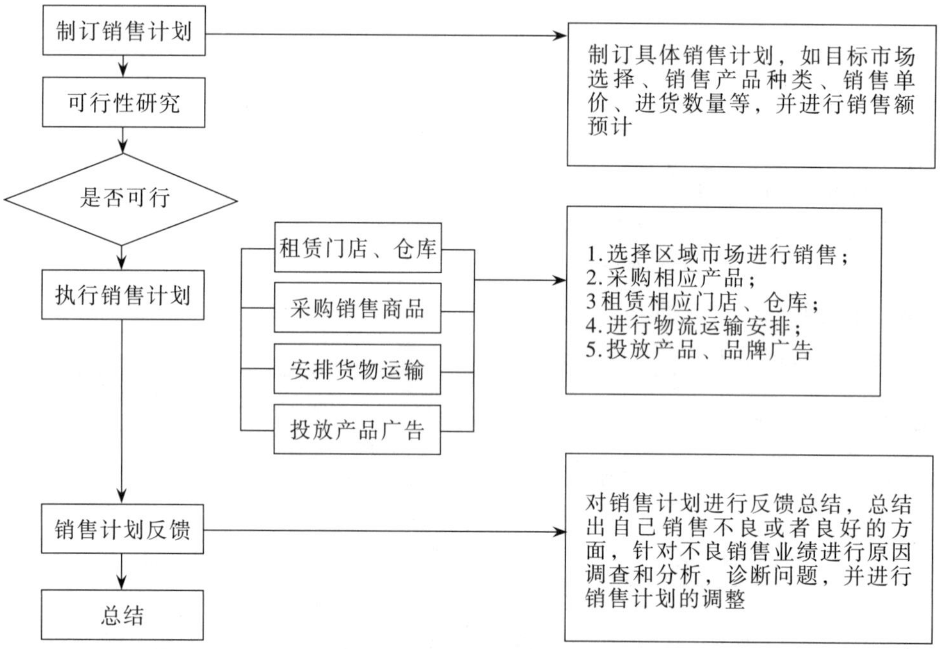

图7-26 制订专营店销售计划流程

流程说明

（1）制订销售计划。根据调查预测报告，制订具体销售计划，如每季度各个区域市场销售计划，各区域市场中的产品种类、数量，销售单价，销售额预计等，并根据销售计划在初期计算所需专营店数量及每个专营店的销售额度。

（2）可行性研究。对销售计划进行可行性判断，如果计划可行，则开始准备执行；如果计划不可行，则将原计划退回修改，重新制订。

（3）执行销售计划。①确定开拓的区域市场，租赁营业门店及仓库配送中心；②采购并销售选择的产品种类；③安排货物运输；④投放产品、品牌广告。

（4）销售计划反馈总结。对销售计划进行反馈总结，总结出自己销售不良或者良好的方面，针对不良销售业绩进行原因调查和分析，诊断问题，并进行销售计划的调整。

3.专营店建设计划（流程如图7-27所示）

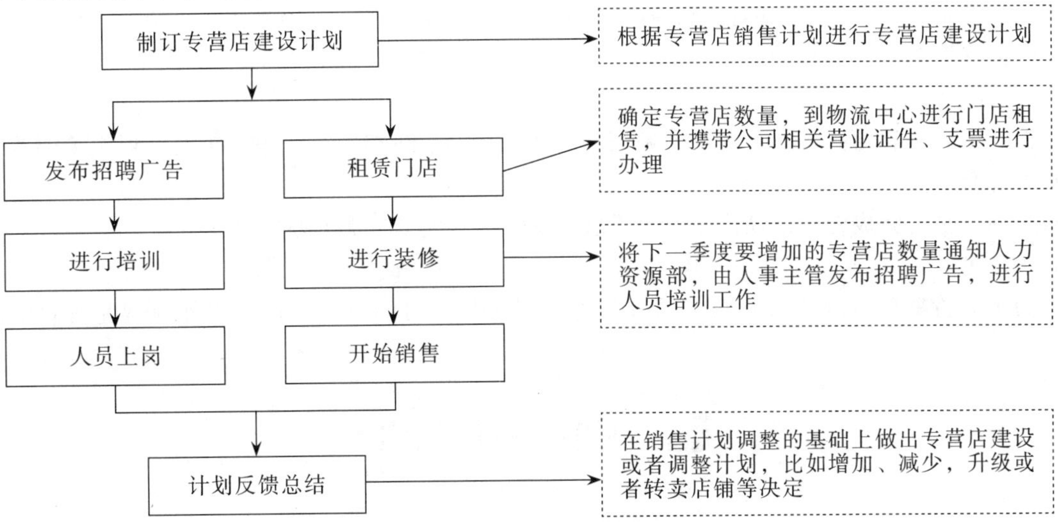

图7-27　专营店建设计划流程

流程说明

（1）制订专营店建设计划。专营店建设计划包括确定专营店档次、专营店所在区域市场、专营店数量等，进行门店租赁；提前一个季度通知人事主管，发布人员招聘广告，并进行人员培训。

（2）计划反馈及总结。在销售计划调整的基础上做出专营店建设或者调整计划，比如增加、减少、升级或者转卖店铺等。

实习成果

营销策划案、应急计划书、季度销售额汇总表、专营店管理计划。

实习表单

无。

相关知识点提示

营销策划书应该符合营销决策逻辑，语言简练，操作性强。营销策划书没有固定格式，但有一定的内容要求。策划书一般由以下部分构成：

1.封面

策划书的封面可提供以下信息：①策划书的名称；②委托策划的客户；③策划机构或策划人的名称；④策划完成日期及本策划适用时间段。

2.策划目的

营销策划应阐明策划的目标和意义。

3.营销环境分析

营销环境分析是一切营销决策的基础，它可以为制定相应的营销策略、采取正确的营销手段提供依据。营销环境包括企业内部环境（可控环境）和企业外部环境（不可控环境）。

4.市场机会与问题分析

营销方案，或者是为了解决出现的问题，或者为了利用出现的机会。因此，分析市场机会以及存在的问题，就成了营销策划的关键。

5.营销目标

营销目标是开展营销活动的指南和控制营销活动的标准，目标必须具体、可衡量、可行、有时间期限，并体现营销策划的目的。

6.营销策略

根据环境分析和营销目标，制定营销策略（产品策略、价格策略、渠道策略、促销策略等）。

7.费用预算

费用预算是为完成营销活动而对资金需求、资金来源与资金运用的安排。

8.方案调整

作为策划方案的补充，方案调整部分是为执行过程中可能出现的预料之外的情况所制定的备用对策。

7.9 人事主管岗位实习

实习内容

1.人力资源的相关工作。

2.协助各部门的工作。

岗位职责

1.确定本机构人员的招聘规划，包括员工录用与解聘、培训教育、绩效考核、晋级晋职、薪资福利、各类保险、统计报表、编制职工薪酬报表等事项。

2.公司的后勤管理工作以及完成CEO交办的其他任务和各种紧急事务的处理。

岗位流程

人事主管岗位流程如图7-28所示，员工招聘与培训具体业务流程如图7-29所示。

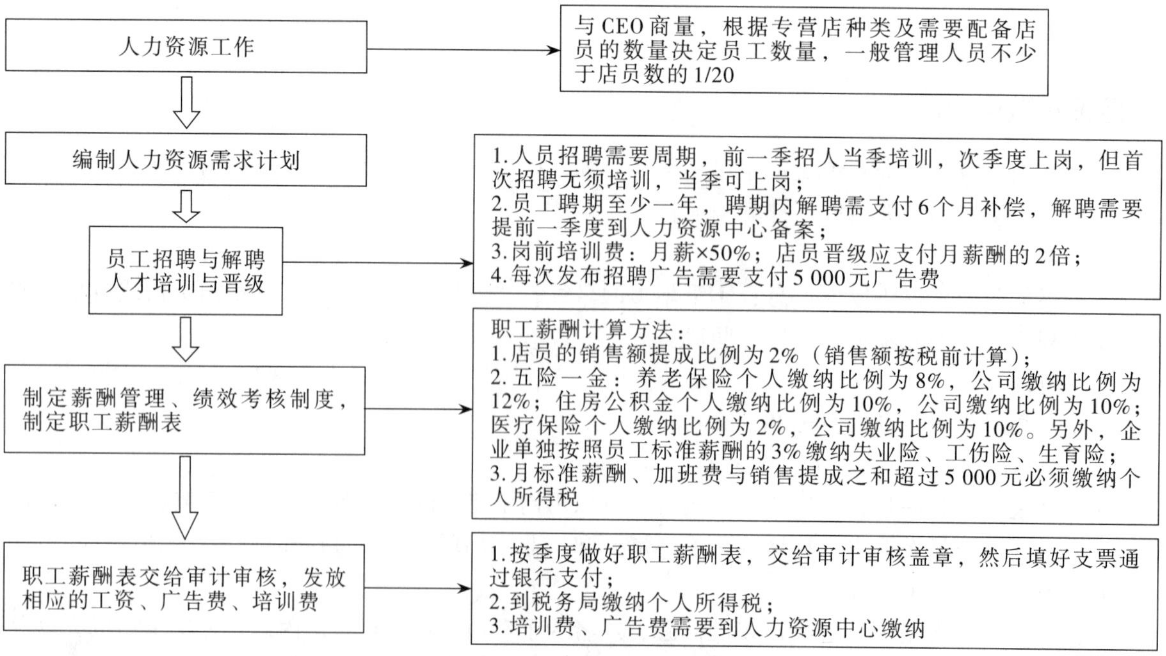

图7-28 人事主管岗位流程

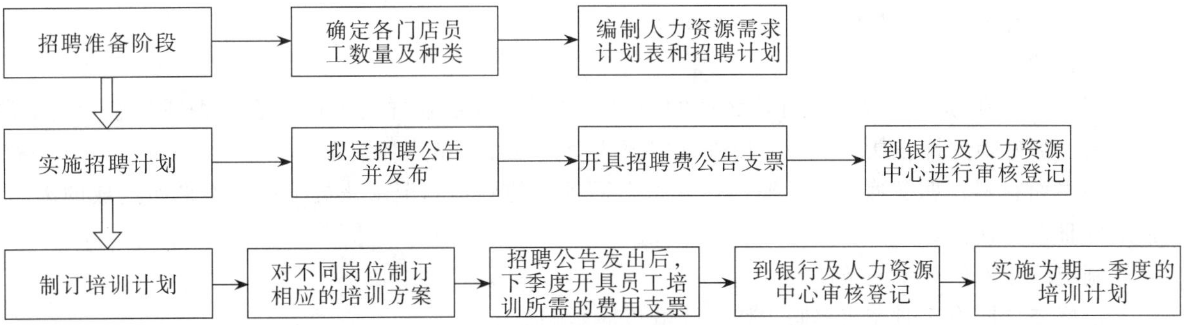

图7-29　员工招聘与培训具体业务流程

流程说明

1.招聘准备阶段

根据各产品市场容量信息及销售能力信息进行市场需求预测，做出每季度财务预算，确定每季度所需的员工数量及种类。

2.实施招聘计划

人力资源部正式发布招聘公告。

3.制订培训计划

招聘公告发出后即制订培训计划和方案；招聘公告发出后，下季度开具员工培训所需的费用支票，员工培训期开始实施（首次招聘即招即上岗）。

实习成果

职工薪酬表、员工需求计划、招聘计划、培训计划。

实习表单

无。

相关知识点提示

1.人员招聘

人员招聘是组织及时寻找、吸引并鼓励符合要求的人，到本组织中任职和工作的过程，是组织运作的一个重要环节。组织需要招聘员工可能基于以下几种情况：新设立一个组织；组织扩张；调整不合理的人员结构；员工因故离职而出现职位空缺等。

人员招聘通常有内部提升和外部招聘两种途径，两种途径各有优劣势。人员招聘要按照一定的程序并遵循必要的原则进行。

（1）人员招聘的原则：符合国家的有关法律法规、政策；与企业战略一致并着眼于未来；人岗匹配。

（2）人员招聘的流程大致分为招募、甄选、录用、评估四个阶段。

2.人员解聘

（1）人员解聘原则：

①以事实为依据。解聘人员要有理由，那种随便处置员工的企业永远得不到全心全意为企业着想的员工。只有以事实为依据，才能使被辞退员工心服口服，其他的员工也不会受到影响。

②体面。在辞退员工时，也应充分考虑被辞退员工的感受，减少因被辞退而给其带来的负面影响，同时也减少了对企业潜在的威胁。

③坚决。勇敢地表达企业的立场，不要拐弯抹角。

④迅速。辞退决定一旦做出，就应坚决实施。

（2）解聘步骤：

①调查工作业绩。明确员工有什么样的失误，为什么会有这样的失误，看能否通过企业内部调动，让员工更好地发挥技能。如果无法进行内部调动，只好终结雇佣关系。

②用书面材料说明解雇员工的原因。保留书面警告的副本和记录该员工业绩不良所造成的影响，包括事件日期和详情。

③制定终止雇佣关系的条件。

④最好在合同终止时完成解聘工作，降低负面影响。

⑤解雇会谈要充分准备：整理好需要的文件；在独立的会议室中进行；最好有见证人；简要解释解雇的原因；做出有关解雇的财务安排；会谈持续的时间不要超过15分钟。

⑥收回该员工使用的企业的财物。将员工的私人物品物归原主。

第 8 章

外围机构实习岗位

8.1 审计岗位实习

实习内容

1.贷款审核。
2.工资审核。
3.增值税审核。
4.企业所得税审核。
5.年度报表审计。

岗位职责

对企业进行贷款审核、工资审核，对企业的纳税申报表（主要包括增值税纳税申报表和企业所得税申报表）进行审核，完成对企业年度报表的审计工作。

岗位流程

1.贷款审核

贷款审核流程如图 8-1 所示。

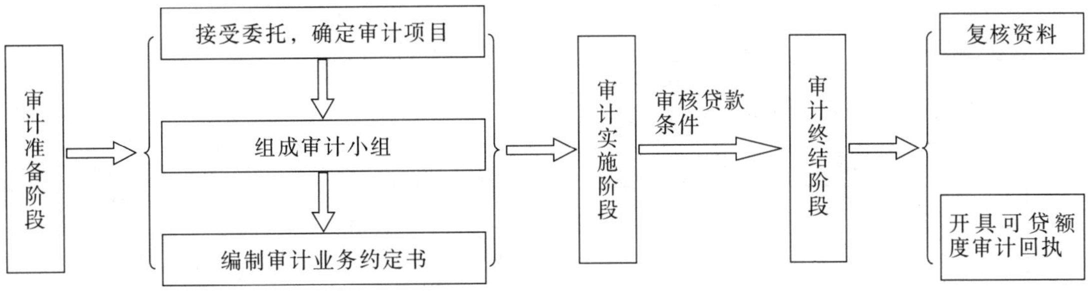

图 8-1　贷款审核流程

流程说明

（1）准备阶段。审计事务所接受委托，确定审计项目，并成立审计小组。

注意：①公司首次贷款无须审计，最高贷款额度不超过 1 050 万元；②公司第二次贷款，需向审计提交上一季度末审核无误的资产负债表。

（2）实施阶段。审计小组对申请贷款的公司的各项条件进行审核。

注：可贷额度（长期和短期贷款合计）=当前总资产×70%-当前总负债；短期贷款占净资产的比例不超过 30%。

（3）终结阶段。审计人员复核审计资料，对符合贷款条件的企业开具“企业可贷额度审计回执”。

注：审计人员向企业开具“企业可贷额度审计回执”，企业持“企业可贷额度审计回执”到银行办理贷款业务。

（4）审计需提交的成果。“企业可贷额度审计回执”是审计小组须提交的成果。

2.工资审核

工资审核流程如图8-2所示。

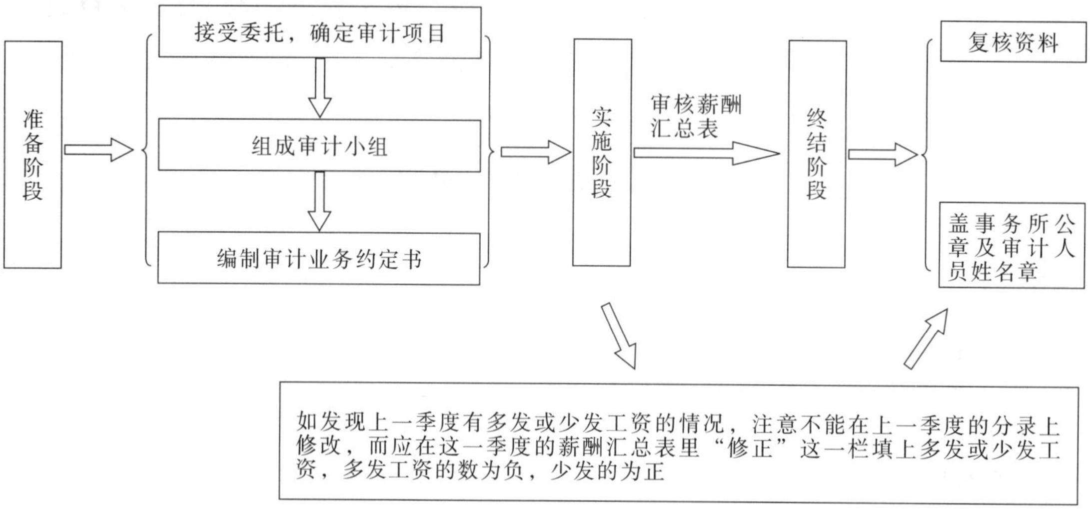

图8-2 工资审核流程

流程说明

（1）准备阶段。审计事务所接受委托，确定审计项目，并成立审计小组。

注：企业须先填写薪酬汇总表。

（2）实施阶段。审计小组对企业的薪酬汇总表进行审核。

（3）终结阶段。审计人员复核薪酬汇总表，如数据填写无误则盖上事务所公章及审计人员姓名章；如数据有误，则须让企业修改，审计人员确认无误后再盖章。企业须将经审核通过的薪酬汇总表拿到银行，经过银行审核完毕方可支付工资。

（4）审计需提交的成果。复核后的薪酬汇总表为审计小组需提交的成果。

3.增值税审核

增值税审核流程如图8-3所示。

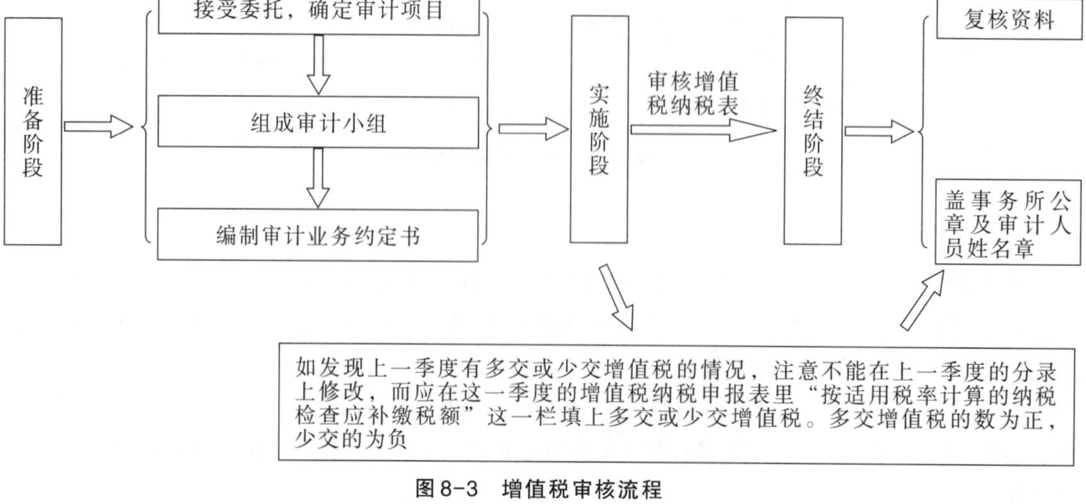

图8-3 增值税审核流程

流程说明

（1）准备阶段。审计事务所接受委托，确定审计项目，并成立审计小组。

注：企业需先填写增值税纳税申报表。

（2）实施阶段。审计小组对企业填写的增值税纳税申报表进行审核。

①如果企业只有内销，应纳税额=销项税额-进项税额。

②如果企业有外销时，

a.当期免抵退税不得免征和抵扣税额=FOB（出口销售额）×4%。

b.应纳税额=内销销项税额-（全部进项税额-FOB×4%）-上期留抵税额。

当应纳税额<0时，须计算免抵退税额。

c.免抵退税额=FOB×13%。

d.当期应退税额为“应纳税额”与“免抵退税额”中数额较小的。

（3）终结阶段。审计人员复核增值税纳税申报表，如数据填写无误则盖上事务所公章及审计人员姓名章；如数据有误，则须让企业修改，审计人员确认无误后再盖章。企业须将已审核通过的增值税纳税申报表拿到税务局，经过税务局审核完毕才可办理纳税。

（4）审计需提交的成果。经复核的增值税纳税申报表是审计小组需提交的成果。

4.企业所得税审核

企业所得税审核流程如图8-4所示。

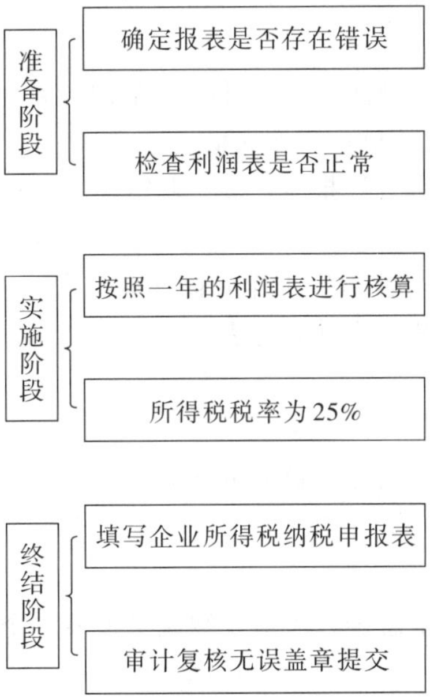

图8-4 企业所得税审核流程

流程说明

（1）准备阶段。审计事务所接受委托，确定审计项目，对企业年度财务报表进行检查。

（2）实施阶段。年度财务报表检查无误后就可以计算企业所得税，一般按照25%来计算。

（3）终结阶段。填写企业所得税纳税申报表，审计复核无误后盖章提交。如果企业当年亏损，则不用申报纳税。

（4）审计需提交的成果。复核通过的企业所得税纳税申报表是审计需提交的成果。

5.年度报表审计

年度报表审计准备阶段的工作包括：①编制审计业务约定书；②进行风险评估；③制定总体审计

策略和具体审计计划。

年度报表审计实施阶段和审计终结阶段的流程如图8-5所示。

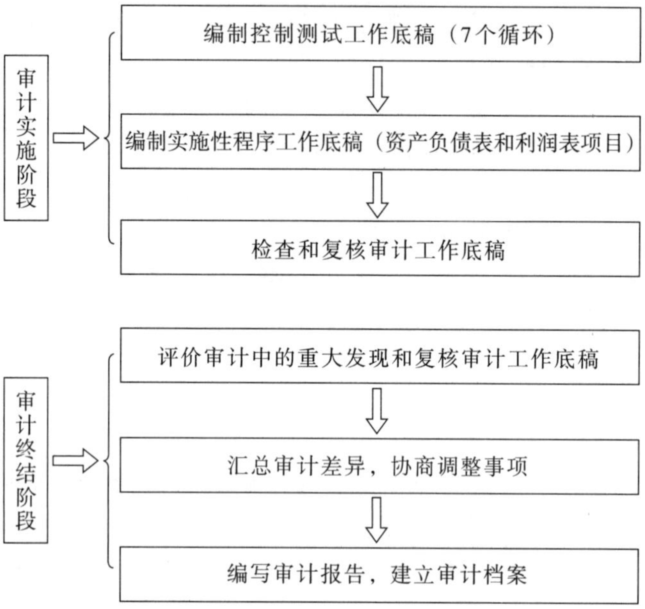

图8-5　年度报表审计流程

流程说明

（1）审计实施阶段。①编制控制测试工作底稿（7个循环）；②编制实质性程序工作底稿（资产负债表和利润表项目）；③检查和复核审计工作底稿。

（2）审计终结阶段。①编制已审会计报表；②编制审计报告；③登记“经营状况统计表”和“审计扣分表”。

（3）审计需提交的成果。①实质性程序工作底稿（审定表）；②编制已审会计报表；③编制审计报告；④登记“经营状况统计表”和“审计扣分表”。

实习成果

贷款审核回执、审计报告、审计工作底稿、审计计划。

实习表单

企业可贷额度审计回执、薪酬汇总表、增值税纳税申报表、企业所得税纳税申报表、审计报告。

相关知识点提示

1.审计流程

（1）审计准备阶段。会计师事务所接受委托，确定审计项目，并成立审计小组，编制审计业务约定书；审计小组对被审计企业实施风险评估，以确定审计工作重点；审计小组制定总体审计策略和具体审计计划，并考虑通过有效利用审计资源以实现审计目标。本阶段工作流程如图8-6所示。

（2）审计实施阶段。针对认定层次的重大错报风险，实施进一步审计程序，即控制测试和实质性程序。控制测试是测试控制运行的有效性，但控制测试并不是在每次审计时都要求使用，是可选择的，当存在下列情况之一时，审计人员实施控制测试：

①在评估认定层次重大错报风险时，预期控制的运行是有效的。

②仅实施实质性程序不足以提供认定层次充分、适当的审计证据。

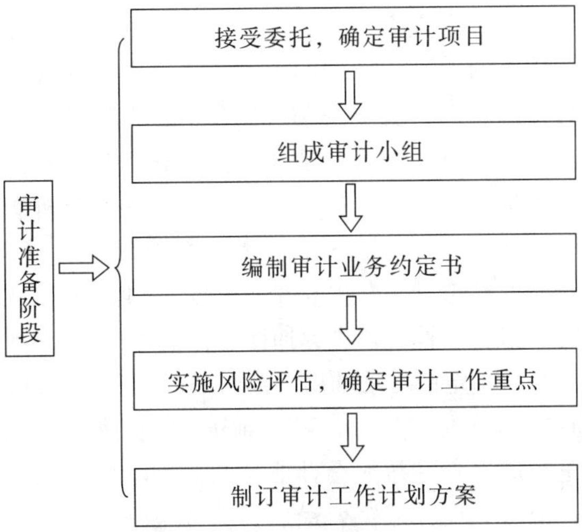

图 8-6 审计准备阶段工作流程

实质性程序是必须执行的程序，即无论风险评估结果如何，审计人员均应对所有重大的各类交易、账户余额、列报实施实质性程序。

审计人员在实施进一步审计程序后，需要对形成的审计工作底稿进行检查和复核，如果获取的审计证据与初始评估获取的审计证据相矛盾，应当修正风险评估结果，并相应修改原计划实施的进一步审计程序，即评估重大错报风险是一个连续和动态的收集、更新与分析信息的过程，贯穿于整个审计过程。

本阶段工作流程如图 8-7 所示。

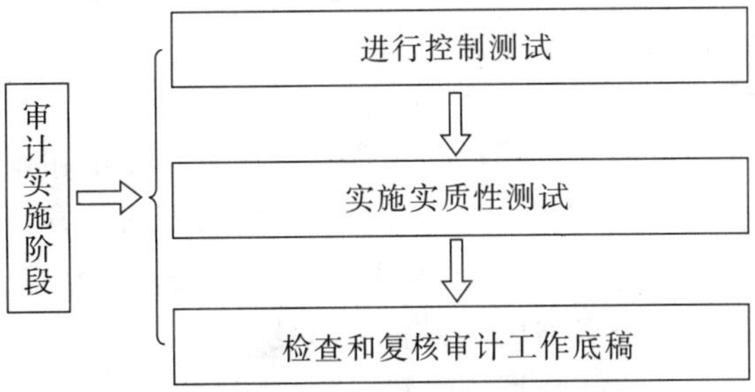

图 8-7 审计实施阶段工作流程

（3）审计终结阶段。在此阶段，首先要评价审计中的重大发现和复核审计工作底稿；然后汇总审计差异，协商调整事项；接着对财务报表整体进行复核、形成审计意见、出具审计报告；最后建立审计档案。

本阶段工作流程如图 8-8 所示。

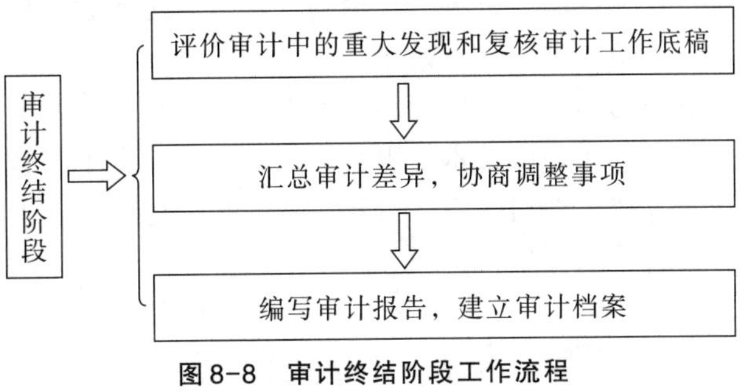

图 8-8 审计终结阶段工作流程

2.审计方法

审计方法是审计人员在审计过程中，对审计对象实施审计监督、获取审计证据、实现审计目的的技术和手段的总称。在审计工作中，正确选用审计方法，既可以尽快发现问题、弄清事实真相，完成审计任务，也可以缩短审计时间，节省人力、物力，提高审计工作效率。因此，研究审计方法，并予以正确运用，对审计工作有着重要的意义。常用的审计方法主要有两大类，一类是审查书面资料的方法；另一类是证实客观事物的方法。两大类方法又可细分为若干种具体方法。

（1）审查书面资料的方法。按审查范围与数量，分为详查法和抽查法；按审查资料的顺序，分为顺查法和逆查法；按审查的技术特征，分为审阅法、核对法、账户分析法等方法。

①详查法。详查法是指对被审计单位一定时期内的全部会计资料（包括凭证、账簿和会计报表）进行详细的审核检查，以判断评价被审计单位经济活动的合法性、真实性和有效性的一种审计方法。

②抽查法（现代审计的常用方法）。抽查法也称抽样法，指对被审计单位一定时期内的全部会计资料（包括凭证、账簿和会计报表）按照一定的方法抽出一部分来进行审查，借以推断总体有无错误和弊端的一种方法。抽查法按照具体抽取样本的方式不同，可以细分为任意抽样法、判断抽样法和统计抽样法。

③顺查法。顺查法也称正查法，它是按照会计业务的处理程序，顺次进行审查的一种方法。具体操作是从原始凭证查起，再查记账凭证、账簿，最后查会计报表。

④逆查法。逆查法又称倒查法，它是按照会计业务处理的相反程序进行审查的一种方法。具体操作是从会计报表查起，再查账簿、记账凭证，最后查原始凭证。

⑤审阅法。审阅法是指对各种会计资料和有关文件进行审核和查阅的基本方法。审阅会计资料是审计人员常用的方法，通过审阅有关资料，审计人员可以初步确定会计资料以及其他有关资料是否真实、正确，然后再运用其他方法进一步检查。

⑥核对法。核对法是将相关的两种或两种以上的会计资料进行交叉对照，以查明其是否一致的一种审计方法。

⑦账户分析法。账户分析法是指根据会计复式记账的原理，利用账户之间的勾稽关系和相互联系，通过分析查明账户记录是否正确的方法。

（2）证实客观事物的方法。

①盘点法。盘点法是审计人员为了查明财产物资是否真实、完整和账实相符而进行的实际盘点或清查的方法。盘点法包括直接盘点（直盘）和监督盘点（监盘）两种方法。直接盘点法是指由审计人员亲自到现场盘点实物，以证实财产物资是否真实完整的方法；监督盘点法是由审计人员在现场观察，再由有关人员实际盘点，借以证实书面资料和实物是否相符的方法。

②调节法。调节法是针对两者之间数据不一致，而将应增、应减的数字进行调整，从而证实有关数据是否真实正确的方法。调节法适用于审查企业与银行之间的账目、企业与企业之间的往来账项，以及企业本身由于盘点日与结账日不一致而形成的差异。

③查询法。查询法是指对审计中发现的疑问和问题，通过调查或询问的方式，取得审计证据查清事实的一种方法。查询法包括面询法和函询法两种。面询法就是审计人员直接找有关人员征询意见，核实情况，弄清问题，取得审计证据的一种方法；函询法是指通过向有关单位发函，了解情况，取得审计证据的一种方法。

④鉴定法。鉴定法是指对实物的质量、性能和对书面资料的真伪情况，通过化验或其他技术手段来进行鉴别、判断的方法。鉴定工作一般技术性很强，应由审计人员主持，聘请有关技术人员参加鉴定，或者由审计人员直接送有关技术部门鉴定。需要注意的是，尽管鉴定者不是审计人员，但是审计责任的归属不会因为鉴定者的转移而发生转移。

8.2 信息中心岗位实习

（一）实习内容

信息中心的主要业务有三个方面：信息方面业务、生产资料供应业务，以及虚拟市场和消费者业务。此外，信息中心还承担拍卖、转动命运罗盘、证券交易与上市等其他业务。

岗位职责

1.信息方面业务

信息收集：每季度末收集原材料市场信息、各区域市场信息、各产品市场信息、生产商信息、渠道商信息、订单往来信息等，获取各类信息的原始材料。不同种类信息来源不同，有的来自原材料采购系统，有的来自生产商、渠道商，有的来自其他外围机构，有的来自市场占有率计算表。

信息审核：要保证信息的真实性和准确性，就要安排核对环节，核对时要弄清该数据的真实来源（产生地）。

信息整理：审核后的信息要经过整理，整理过的信息才能给客户带来价值。有价值的信息客户才愿意购买，才能不断提高客户满意度。

信息发布：信息统一发布到信息平台上，文件的命名要统一、规范。信息发布应及时。

2.生产资料供应业务

向生产商出售其组织生产所需的生产线、原材料等生产资料。

3.虚拟市场和消费者业务

扮演终端消费者的角色购买各区域市场上不同渠道商零售的商品。

4.其他业务

信息中心承担拍卖、转动命运罗盘、证券交易与上市等临时性业务。

岗位流程

1.订单发布、响应、订购

订单处理流程如图8-9所示。

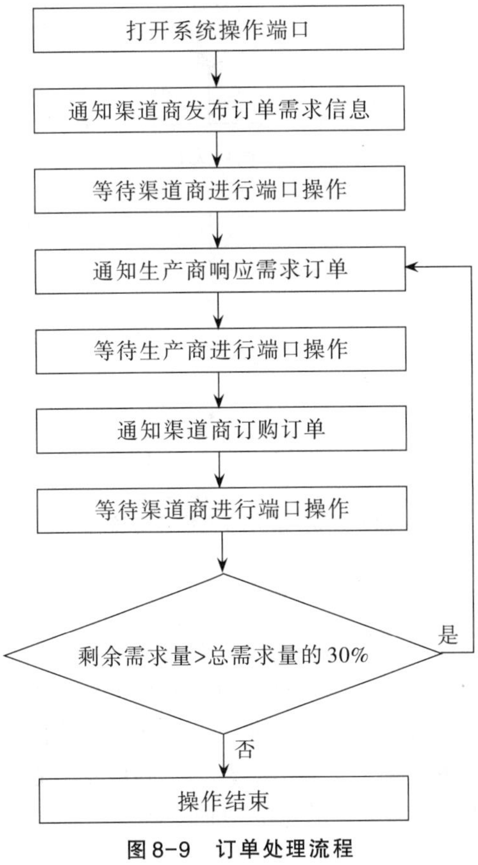

图8-9 订单处理流程

流程说明

每一个季度开始时开放系统，进入订单发布阶段、响应阶段、订购阶段，根据时间表操作，每一步操作前必须与生产商、渠道商沟通，确保生产商、渠道商在规定的时间完成相关操作。在剩余需求量大于总需求量30%的情况下，可以考虑进行二次订单响应。

2.原材料销售业务流程

原材料销售业务流程如图8-10所示。

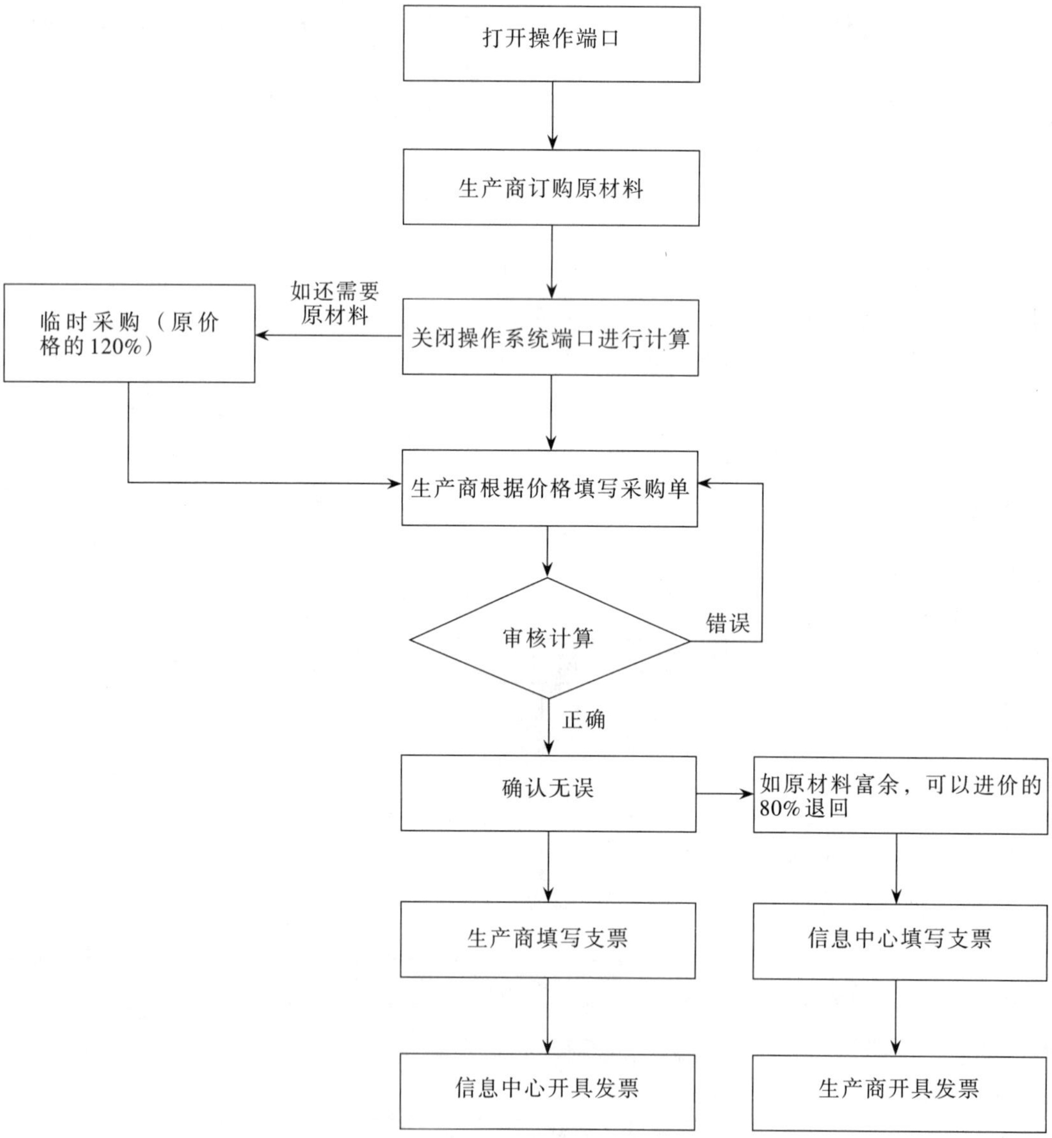

图8-10　原材料销售业务流程

流程说明

当信息中心的端口负责人关闭原材料采购系统，并在系统自动计算出含有商业折扣的价格后，生产商即可在系统内看到当季度的原材料采购价格；生产商根据价格填写采购单，信息中心审核无误后销售原料并代收水电费及杂费；如生产商需要临时采购原材料，则生产商先确定采购原材料的种类、数量、产地，单价要在基准价格的基础上上浮20%，然后到信息中心审核、付款；若原材料富余或超过3个季度生产所需，则多余部分按照进价的80%退回产地。

3.收货业务流程

收货业务流程如图8-11所示。

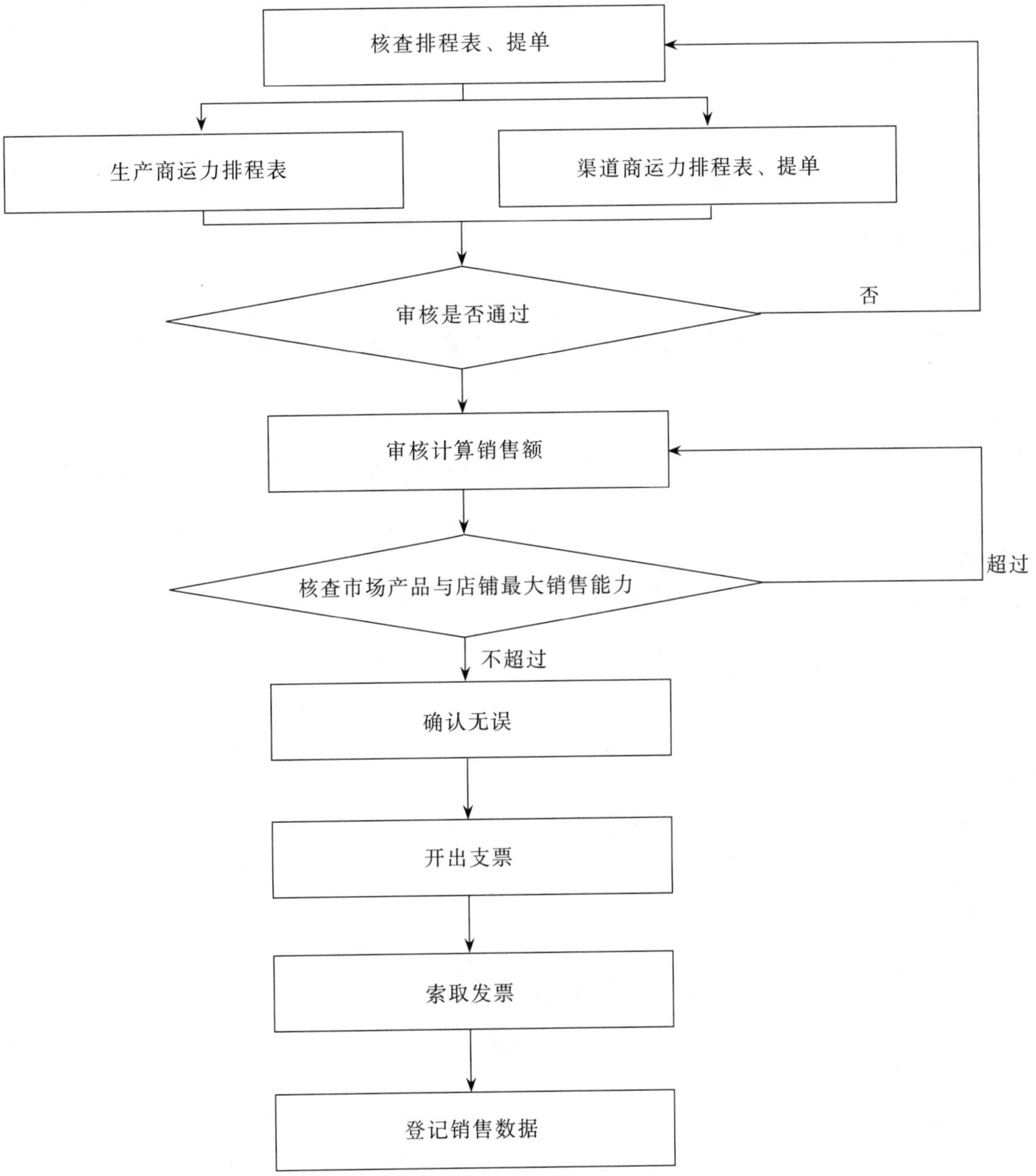

图8-11 收货业务流程

流程说明

渠道商携带第三方物流出具并盖章的生产商运力排程表、渠道商运力排程表、提单（国内市场不需提供）到信息中心进行审核；信息中心计算区域市场占有积分、在某一区域市场的占有率、在某一区域市场各产品价格、每种产品最大销售能力（即每种产品当季销售额不能超过每种产品最大销售能力）；信息中心计算所有品牌专营店当季销售能力；渠道商在某一区域市场的当季销售额受市场占有率和品牌专营店销售能力的约束。以上各项全部审核完成后，渠道商即可卖货，如超过理论最大销售额则需重新调整货物数量；如不超过，则计算总销售额并填写支票金额，然后由信息中心财务负责人到银行盖章，回收渠道商开出的发票。

实习成果

每季度末及时整理、发布各生产商经营信息、渠道商经营信息、订单往来信息、原材料市场信息、消费市场信息。

实习表单

市场占有率计算表、各种信息统计表。

相关知识点提示

1.信息

数据是说明原始事实的单元，数据按一定意义、一定的规则组合在一起，形成数据的集合，这种集合体称为信息。

2.市场占有率

市场占有率是指在一定的时期内，企业所生产的产品在市场上的销售量或销售额占同类产品销售量或销售额的比重。

8.3 工商局岗位实习

实习内容

企业名称注册、企业购销合同备案 、企业缴纳“两险一金”、“工资”登记、企业违规检查、联合税务检查。

注：《深化党和国家机构改革方案》中，提出组建国家市场监督管理总局，并将国家工商行政管理总局职责纳入其中。鉴于实训软件版本及各地方推进机构改革进度不同，本书仍采用旧称“工商局”。

岗位职责

完成企业名称注册并在平台上发布企业名称，企业间购销合同备案，企业的 “两险一金”、“工资”登记，汇总企业季度及年度的“两险一金”“工资”备案情况，并联合税务局检查，对未及时缴纳的企业上报，编制下一年度的计划和本年度的总结。

岗位流程

工商业务流程如图8-12所示。

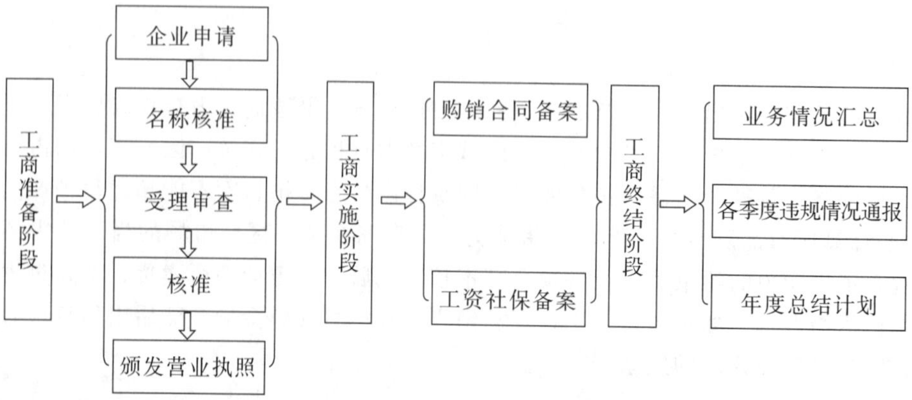

图8-12　工商业务流程

流程说明

1.工商准备阶段

对注册公司名称进行查重，颁发企业营业执照，对相关资料进行登记。

注：登记内容为企业代码、企业名称、法人代表、注册资金、公司地址、注册日期等重要信息。公司名称注册时，不能和名称库里的名称相同。

2.工商实施阶段

对各类购销合同、两险一金、工资进行备案登记。

生产商或渠道商拿着合同来工商局备案（注：登记过程中合同中的出厂指导价格应该合理，合同应由双方代表签字盖章及课室老师签字)，系统登记。

企业缴纳两险一金，先去银行盖章确认，然后拿支票的存根来工商局进行登记（注：该存根一定要有银行盖的骑缝章)。

3.工商终结阶段

工商人员复核合同资料，对未进行工商登记和登记手续办理不全即开业运营的行为进行检查，年末上报资料，撰写年度工作总结。

注：工商人员应联合税务部门组织力量对违规行为进行执法，对实习运营过程中的交易违规行为进行定期和不定期的执法检查。

实习成果

机构年度工作计划、各季度企业缴纳两险一金汇总表、各季度企业“工资”汇总表、企业工商注册登记情况汇总表、企业购销合同执行情况登记表、各季度违规情况通报表、个人年度工作总结。

实习表单

营业执照、销售合同备案汇总表。

相关知识点提示

1.公司注册种类

(1）根据股东对公司所负责任的不同，可以把公司划分为五类：

①无限责任公司，即所有股东无论出资数额多少，均需对公司债务承担无限连带责任的公司。

②有限责任公司，所有股东均以其出资额为限对公司债务承担责任的公司。

③两合公司，即由无限责任股东和有限责任股东共同组成的公司。

④股份有限公司，即全部资本分为金额相等的股份，所有股东均以其所持股份为限对公司的债务承担责任的公司。

⑤股份两合公司，即由无限责任公司和股份有限公司股东共同组成的公司。

(2）根据公司国籍的不同，可以划分为本国公司、外国公司和跨国公司。

(3）根据公司在控制与被控制关系中所处地位的不同，可以分为母公司和子公司。

(4）根据公司在管辖与被管辖关系中所处地位的不同，可以分为总公司和分公司。

2.公司注册条件

以有限责任公司和股份有限公司为例，公司注册必须符合《公司法》相关规定。例如：

设立公司，应当依法向公司登记机关申请设立登记。符合本法规定的设立条件的，由公司登记机关分别登记为有限责任公司或者股份有限公司；不符合本法规定的设立条件的，不得登记为有限责任公司或者股份有限公司。

法律、行政法规规定设立公司必须报经批准的，应当在公司登记前依法办理批准手续。

公众可以向公司登记机关申请查询公司登记事项，公司登记机关应当提供查询服务。

依法设立的公司，由公司登记机关发给公司营业执照。公司营业执照签发日期为公司成立日期。

公司营业执照应当载明公司的名称、住所、注册资本、经营范围、法定代表人姓名等事项。

公司营业执照记载的事项发生变更的，公司应当依法办理变更登记，由公司登记机关换发营业执照。

设立有限责任公司，应当具备下列条件：（1）股东符合法定人数；（2）有符合公司章程规定的全体股东认缴的出资额；（3）股东共同制定公司章程；（4）有公司名称，建立符合有限责任公司要求的组织机构；（5）有公司住所。

设立股份有限公司，应当具备下列条件：（1）发起人符合法定人数；（2）有符合公司章程规定的全体发起人认购的股本总额或者募集的实收股本总额；（3）股份发行、筹办事项符合法律规定；（4）发起人制定公司章程，采用募集方式设立的经创立大会通过；（5）有公司名称，建立符合股份有限公司要求的组织机构；（6）有公司住所。

3.基本存款账户

基本存款账户是办理转账结算和现金收付的主办账户，经营活动的日常资金收付以及工资、奖金和现金的支取均可通过该账户办理。存款人只能在银行开立一个基本存款账户。开立基本存款账户是开立其他银行结算账户的前提。按《人民币银行结算账户管理办法》规定，一家单位只能选择一家银行申请开立一个基本存款账户。

8.4 税务局岗位实习

实习内容

企业税务登记办理、受理税务登记。

岗位职责

办理企业税务登记证，受理个人所得税、增值税、企业所得税登记，办理出口退税。

岗位流程

1.税务登记证办理流程

税务登记业务流程如图8-13所示。

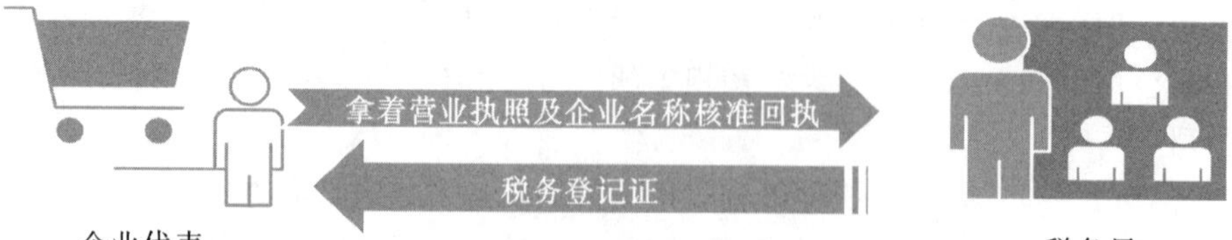

图8-13 税务登记业务流程

流程说明

企业代表执营业执照和“企业名称核准回执”到税务局进行注册登记，税务局颁发“税务登记证”。

2.缴纳个人所得税登记流程

个人所得税缴纳业务流程如图8-14所示。

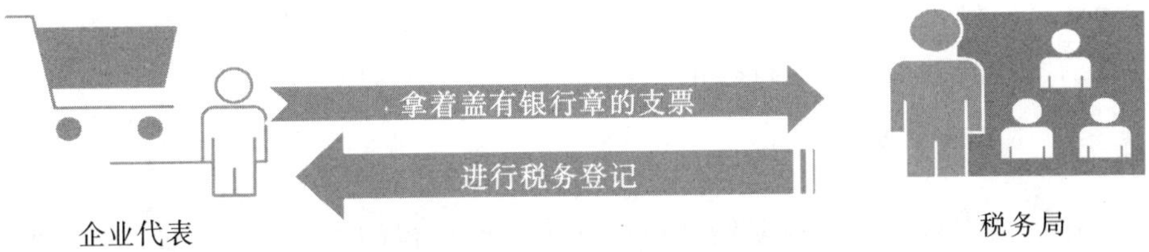

图 8-14 个人所得税缴纳业务流程

流程说明

（1）公司财会人员填写“员工薪酬汇总表”（电子版），通过审计审核并盖章。

（2）若该表中“扣所得税”有资金，则须开支票到银行缴纳税款，并到税务局进行登记。

3.缴纳增值税、出口退税流程

缴纳增值税、出口退税流程如图 8-15 所示。

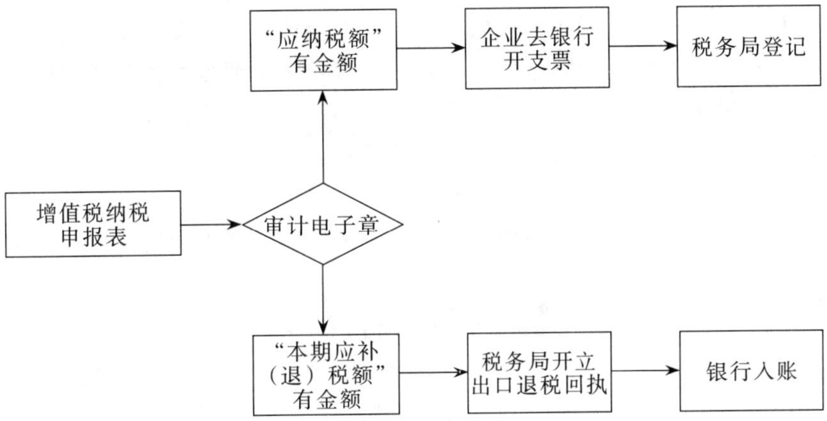

图 8-15 缴纳增值税、出口退税流程

流程说明

（1）公司财会人员填写“增值税纳税申报表”（出口退税也包含其中）（电子版）。

（2）通过审计审核并盖章。

（3）若该表中“应纳税额”有资金，则需开支票到银行缴纳税款，然后拿缴纳税款的支票和由审计审核并盖章的文件（或清晰的图片）到税务局进行登记。

若该表中“本期应补（退）税额”有资金，则需拿由审计审核并盖章的文件（或清晰的图片）到税务局进行登记，凭税务局盖章的“出口退税核准回执”到银行进行入账。

4.缴纳企业所得税流程

缴纳企业所得税业务流程如图 8-16 所示。

图 8-16 缴纳企业所得税业务流程

流程说明

（1）公司财会人员填写“企业所得税纳税申报表”（电子版）。

（2）通过审计审核并盖章。

（3）若该表中“应纳所得税额”有金额，则须开支票到银行缴纳税款，然后拿由审计审核并盖章的文件（或清晰的图片）到税务局进行登记。

实习成果

机构年度工作计划、各季度企业缴纳增值税和个人所得税的汇总表、企业出口退税情况汇总表、企业缴纳企业所得税登记表、各季度违规情况通报表。

实习表单

税务登记证、出口退税回执。

相关知识点提示

1.税务登记证

税务登记证是从事生产、经营的纳税人向生产、经营地或者纳税义务发生地的主管税务机关申报办理税务登记时，由税务机关颁发的登记凭证。除按照规定不需要发给税务登记证件之外，纳税人办理开立银行账户、申请减税、免税、退税等事项时，必须持税务登记证件。纳税人应将税务登记证件正本在其生产、经营场所或者办公场所公开悬挂，接受税务机关检查。

2.出口退税

出口退税是指对出口货物退还其在国内生产和流通环节实际缴纳的增值税、消费税。

8.5 银行岗位实习

8.5.1 行长岗位实习

实习内容

1.审核企业办理业务所需的材料。

2.解决柜员办理业务时遇到的各种问题。

岗位职责

安排每日工作，组织早会，协调柜员工作，汇总企业账目并及时发布。

岗位流程

银行行长岗位流程如图8-17所示。

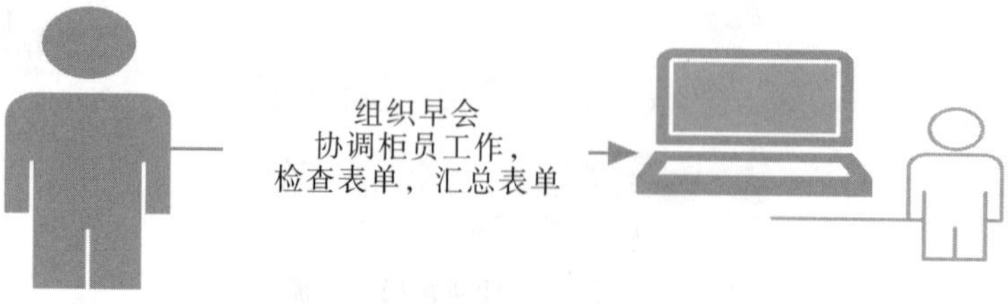

图8-17 银行行长岗位流程

流程说明

组织早会，安排日程，审核企业办理业务所需材料的真实性并盖章，汇总各柜员的企业账目并将汇总信息在平台上发布。

实习成果

银行年度计划及总结、银行所有客户的企业账目汇总表、个人实习报告。

实习表单

开立单位银行结算账户申请书、现金与转账支票、进账单、余额对账单、贷款申请书。

相关知识点提示

支票是以银行为付款人的即期汇票，可以看作汇票的特例。出票人签发的支票金额，不得超出其在付款人处的存款金额。开具空头支票的出票人要负法律上的责任。

8.5.2　柜员岗位实习

实习内容

开户、转账、信用证冻结资金、结汇、代办保险、对账业务。

岗位职责

负责给企业开户、审核支票、贷款业务、开立保单、开立信用证、信用证结汇出口退税进账、季末对账。

岗位流程

1.开户

银行检查企业的营业执照和税务登记证，填制开户申请（流程如图8-18所示）。

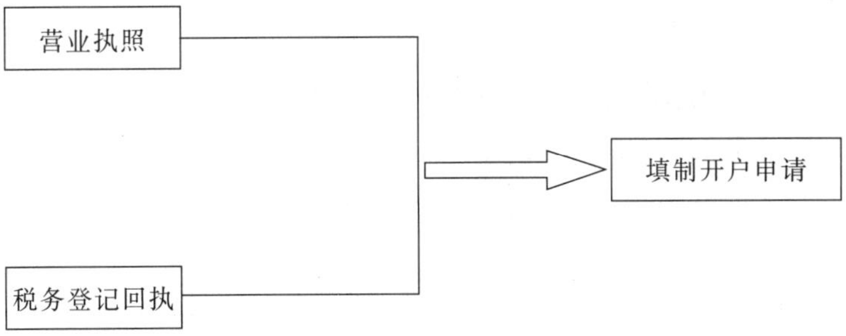

图8-18　银行开户流程

流程说明

（1）开户流程准备阶段。

①企业提交营业执照和“税务登记回执”供银行审核。

②填写开户申请表。

（2）开户进行阶段。

银行审核开户申请表的填写是否正确。

（3）开户最终程序。

银行确认无误后分配企业账号、盖章确认、做好记录并留底一份，银行在该企业的基本账户上给予1 500万元的初始资金。

2. 支票业务

支票业务流程如图 8-19 所示。

图 8-19　支票业务流程

流程说明

（1）客户填写支票内容。单位客户根据所办理的业务来银行填写支票，写上用途、日期、金额、收款人单位。

（2）银行审核支票内容。

①审核金额大小写是否一致和正确，无误后银行盖骑缝章。

②大写金额需要顶格，靠最左边，小写金额需要封口（￥）书写。

③现金支票用途必须填写。

④加盖财务章和法人章。

⑤日期的大写是否正确。

⑥所填写的信息都不能涂改。

（3）录入电子账。

凡一经银行盖章，相应的柜员需根据支票上所填写的金额在相应单位客户的银行账户中记账。

3. 贷款业务

贷款业务流程如图 8-20 所示。

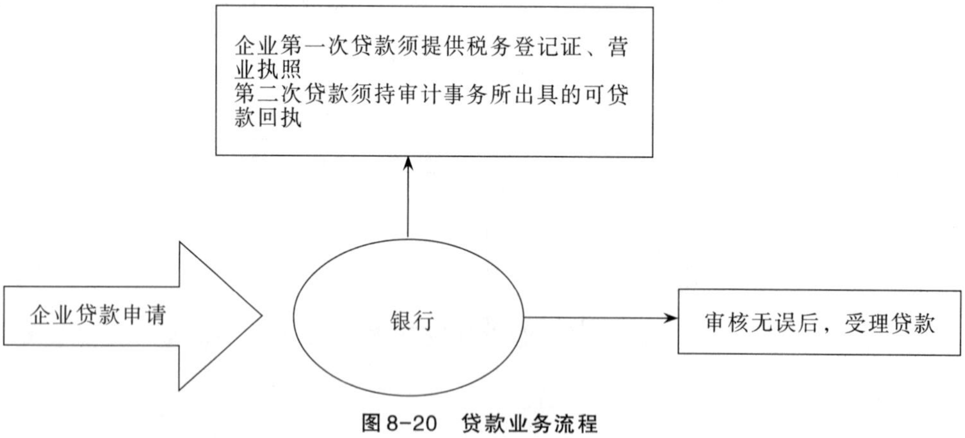

图 8-20　贷款业务流程

流程说明

（1）客户贷款所需提供的资料：营业执照；税务登记证。

（2）贷款申请书的填写：借款人应填写贷款申请书一式两份，银行留底一份；银行在接受申请时应为客户开立专门的贷款账号并做好记录。

4. 保单业务

开立保单的流程如图 8-21 所示。

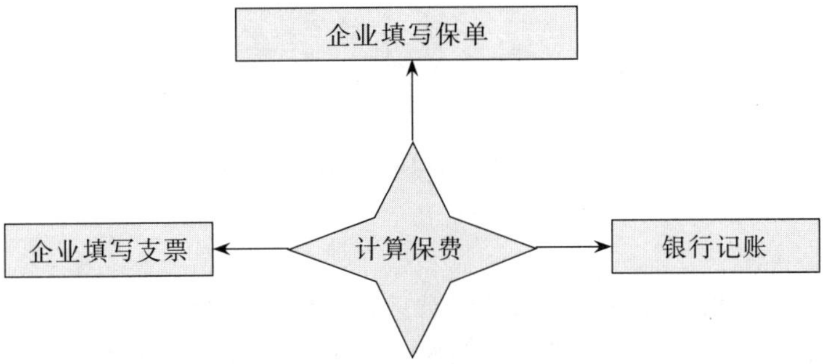

图8-21　开立保单的流程

流程说明

（1）企业填写保单申请书。

（2）审核保费和保险金额。渠道商根据FOB计算保险金额，生产商根据CIF计算，再根据保险金额计算保费。

（3）确认保费，企业开出相应金额的支票，在企业的账户上记账。

5.信用证业务

开立信用证流程如图8-22所示。

图8-22　开立信用证流程

信用证解冻、结汇流程如图8-23所示。

图8-23　信用证解冻、结汇流程

流程说明

（1）开立信用证：付款方企业拿着合同到银行填写信用证申请书，银行审核无误，银行给信用证编号，给企业一式四份的信用证，企业填好信用证，银行盖章，银行留底一份信用证，并在该企业的电子账上冻结资金。该企业的余额不变，但可用余额变化。

（2）付款方拿着盖有银行章的信用证去海关盖章，同时将一份盖有海关章的信用证给收款方。

（3）资金解冻：双方企业一起来银行，渠道商在信用证上写好“同意解冻”，生产商带上审核资料去柜员处结汇。

（4）生产商拿着以下资料来银行：信用证（要有海关、银行的盖章）；出口收汇核销单（海关盖章）；提料单（海关盖章）。

（5）信用证解冻，银行记账。

6.出口退税入账

出口退税入账流程如图8-24所示。

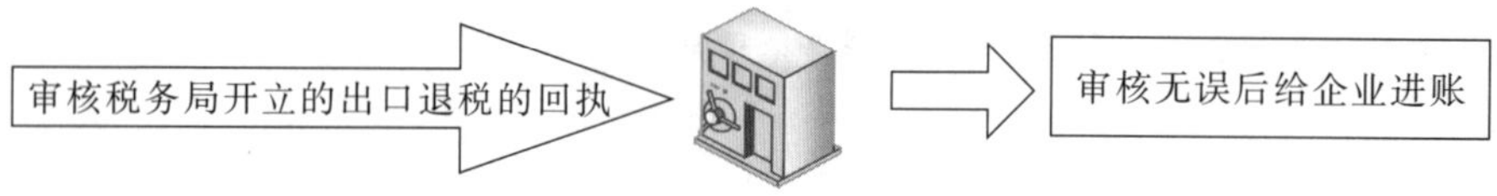

图 8-24　出口退税入账流程

流程说明

（1）审核税务局开立的出口退税的回执（注意：要有税务局的盖章）。

（2）审核无误后给企业开立一式两份的进账单，留下出口退税的回执，银行留一份，一份给进账企业。同时做好电子账。

7. 对账

银行对账流程如图 8-25 所示。

图 8-25　银行对账流程

流程说明

企业财务人员在季末拿着会计日记账（第一年为手工账，第二年为电子账）与银行对账。确认余额无误，开具对账单，双方各自盖章确认并留底一份。

实习成果

企业基本账、企业贷款账。

实习表单

开立单位银行结算账户申请书、现金与转账支票、进账单、余额对账单、贷款申请书、保单、信用证。

相关知识点提示

1. 开立银行结算存款账户的基本规定

（1）存款人可以自主选择银行，银行也可以自主选择存款人开立账户。任何单位和个人不得干预存款人在银行开立或使用账户。

（2）存款账户须由存款人本人使用，不得向他人出租或出借。任何人不得将单位资金以个人名义开立储蓄账户存储，不得将私款以单位名义开立账户存入。对于单位给个人的小额劳务报酬等，如附有完税证明，开户银行可以为其办理转入个人储蓄账户的业务，否则不予办理。

（3）存款人不得开立两个以上基本存款账户，各种账户须在规定的范围内使用，非基本存款账户不得违规支付现金。

（4）开立基本存款账户须依据开户许可证办理，并按规定向人民银行报告。

2. 开立存款账户条件

（1）基本存款账户。

下列存款人可以申请开立基本存款账户：企业法人；企业法人内部单独核算的单位；管理财政预算资金和预算外资金的财政部门；实行财政预算管理的行政机关、事业单位；县级（含）以上军队、武警单位；外国驻华机构；社会团体；单位附设的食堂、招待所、幼儿园；外地常设机构；私营企业、个体工商户、承包户和个人。

（2）一般存款账户。

下列情况存款人可以申请开立一般存款账户：在基本存款账户以外的银行取得借款的；与基本存款账户的存款人不在同一地点的附属非独立核算单位。

（3）临时存款账户。

下列情况存款人可以申请开立临时存款账户：外地临时机构；临时经营活动需要的。

（4）专用存款账户。

对于下列资金，存款人可以申请开立专用存款账户：基本建设的资金；更新改造的资金；特定用途，需要专户管理的资金。

8.6 海关岗位实习

实习内容

1.出口报检：包括接受申报、审核单证、查验货物、征税、结关放行等。

2.出口报关：接受申报、审核单证、结关放行等。

3.进口报关：接受申报、审核单证、结关放行等。

岗位职责

1.进出境监管（简称监管）。

2.征收关税和其他税（简称征税）。

3.查稽走私（简称打私）。

4.编制海关统计（简称统计）。

岗位流程

1.出口报检

其流程为：报检—抽样—检验—签发证书。

流程说明

（1）报检。自2018年8月1日起，海关开始实施进出口货物整合申报，“入境/出境货物报检单”全面取消，报关单与报检单合二为一。

（2）抽样。由商检机构派人主持进行，根据不同的货物形态，采取随机取样方式抽取样品。报验人应提供存货地点情况，并配合商检人员做好抽样工作。

（3）检验。检验部门可以使用从感官到化学分析、仪器分析等各种技术手段，对出口商品进行检验。

（4）签发证书。商检机构对检验合格的商品签发“商品检验证书”，并在“出口货物报关单”和“装货单”或“运单”上加盖放行章。出口企业在取得检验证书或放行通知单后，在规定的有效期内报运出口。

2.出口报关

其流程为：审核出口商提交资料—结关放行—编制统计资料。

流程说明

审核以下资料：出口货物报关单、出口许可证、贸易合同、商业发票、商品检验证书。

3.进口报关

其流程为：审核进口商提交资料—结关放行—编制统计资料。

流程说明

（1）报检。填写进口货物报关单，申请并随附进口许可证、发票、提单、装箱单、保险单、商品检验证书、贸易合同、产地证明和其他批准文件等。

商检机构在审查上述单证符合要求后，受理该批商品的报验；如发现有不合要求者，可要求申请人补充或修改有关条款。

（2）抽样。同出口商抽样。

（3）检验。同出口商检验。

（4）签发证书。商检机构对检验合格的商品签发“商品检验证书”，并在“进口货物报关单”和“装货单”或“运单”上加盖放行章。

实习成果

各种统计资料。

实习表单

报关单（见表8-1）。

表8-1　　中华人民共和国出口货物报关单

预录入编号：　　　　海关编号：　　　　页码/码数：

境内发货人	出境关别		出口日期		申报日期		备案号
境外收货人	运输方式		运输工具名称及航次号		提运单号		
生产销售单位	监管方式		征免性质		许可证号		
合同协议号	贸易国(地区)		运抵国(地区)		指运港		离境口岸
包装种类	件数	毛重(千克)	净重(千克)	成交方式	运费	保费	杂费
随附单证 随附单证1：	随附单证2：						
标记唛码及备注							

项号	商品编号	商品名称及规格型号	数量及单位	单价/总价/币制	原产国(地区)	最终目的国(地区)	境内货源地	征免
1								
2								
3								
4								
5								
6								
7								

特殊关系确认：	价格影响确认：	支付特许权使用费确认：	自报自缴：
报关人员　报关人员证号　电话	兹申明以上内容承担如实申报、依法纳税之法律责任		海关批注及签章
申报单位	申报单位(签章)		

相关知识点提示

海关对生产加工的监管流程：出口商提供生产排程、员工用人表、材料库存表（如果需要转加工，还需要提供委托加工合同证明），经审核无误后，方能办理出口报关业务。

8.7 人才交流中心岗位实习

8.7.1 聘任部岗位实习

实习内容

1.招聘公告审核。

2.招聘业务处理。

3.解聘业务处理。

岗位职责

1.负责指导企业人事主管填写招聘公告。

2.负责指导企业人事主管填写聘信息。

3.审核企业人事主管发布的招聘公告，办理招聘手续，并填写招聘信息表和确认表。

4.提醒企业人事主管办理招聘公告的业务，在规定时间内办理好招聘业务。

5.办理解聘业务，审核企业人事主管解聘员工的入职时间，对于入职未满一年的，提醒企业人事主管缴纳补偿金。

6.审核企业支票内容并开具相关费用发票。

7.汇总每个季度的招聘、解聘业务并上传至FTP。

岗位流程

1.招聘业务岗位流程（如图8-26所示）

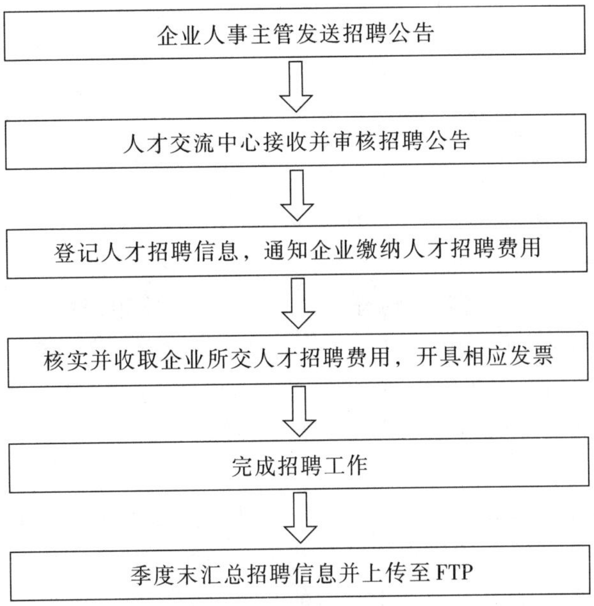

图8-26 招聘业务流程

流程说明

（1）企业人事主管根据招聘公告模板写好招聘公告，按人才交流中心指定的方式发送电子版招聘公告。

（2）企业人才交流中心审核招聘公告的内容，并做好招聘信息表的登记工作，通知人事主管办理业务。

（3）人才交流中心核实并收取企业的人才招聘费用，开具收费发票，招聘业务完成。

2.解聘业务岗位流程（如图8-27所示）

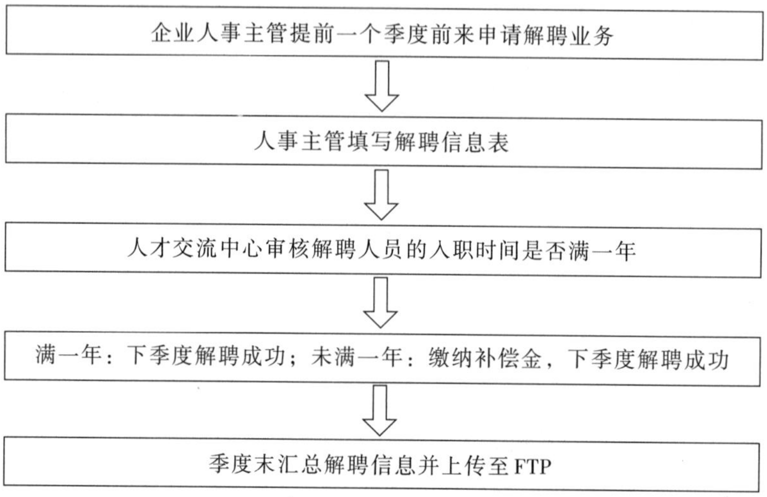

图8-27 解聘业务流程

流程说明

（1）企业人事主管提前一个季度来人才交流中心登记解聘信息。

（2）人才交流中心审查企业解聘人员的工作时间是否届满一年，不足一年的，必须支付6个月补偿金。

（3）人才交流中心再次确认解聘人员的数量，确保无误。

（4）经确认后，人事主管方可签名，解聘业务完成，下一季度员工正式解聘完成。

实习成果

招聘公告、招聘信息表、解聘信息表。

实习表单

招聘信息表、解聘信息表。

相关知识点提示

1.人员招聘的含义

人员招聘是组织及时寻找、吸引并鼓励符合要求的人，到本组织中任职和工作的过程，是组织运作中的重要环节。组织招聘员工可能基于以下几种情况：新设立一个组织；组织扩张；调整不合理的人员结构；员工因故离职而出现的职位空缺等。人员招聘通常有内部提升和外部招聘两种途径，两种方式各有优缺点。人员招聘要按照一定的程序并遵循必要的原则进行。

2.劳动合同的期限

劳动合同分为固定期限劳动合同、无固定期限劳动合同和以完成一定工作任务为期限的劳动合同。固定期限劳动合同，是指用人单位与劳动者约定合同终止时间的劳动合同。无固定期限劳动合同，是指用人单位与劳动者约定无确定终止时间的劳动合同。以完成一定工作任务为期限的劳动合同，是指用人单位与劳动者约定以某项工作的完成为合同期限的劳动合同。

3.用人单位单方解除劳动合同

根据《中华人民共和国劳动合同法实施条例》第十九条规定，有下列情形之一的，依照劳动合同法规定的条件、程序，用人单位可以与劳动者解除固定期限劳动合同、无固定期限劳动合同或者以完成一定工作任务为期限的劳动合同：

（1）用人单位与劳动者协商一致的。

（2）劳动者在试用期间被证明不符合录用条件的。

（3）劳动者严重违反用人单位的规章制度的。

（4）劳动者严重失职，营私舞弊，给用人单位造成重大损害的。

（5）劳动者同时与其他用人单位建立劳动关系，对完成本单位的工作任务造成严重影响，或者经用人单位提出，拒不改正的。

（6）劳动者以欺诈、胁迫的手段或者乘人之危，使用人单位在违背真实意思的情况下订立或者变更劳动合同的。

（7）劳动者被依法追究刑事责任的。

（8）劳动者患病或者非因工负伤，在规定的医疗期满后不能从事原工作，也不能从事由用人单位另行安排的工作的。

（9）劳动者不能胜任工作，经过培训或者调整工作岗位，仍不能胜任工作的。

（10）劳动合同订立时所依据的客观情况发生重大变化，致使劳动合同无法履行，经用人单位与劳动者协商，未能就变更劳动合同内容达成协议的。

（11）用人单位依照企业破产法规定进行重整的。

（12）用人单位生产经营发生严重困难的。

（13）企业转产、重大技术革新或者经营方式调整，经变更劳动合同后，仍需裁减人员的。

（14）其他因劳动合同订立时所依据的客观经济情况发生重大变化，致使劳动合同无法履行的。

4.劳动合同的终止

劳动合同的终止是指劳动合同期满或当事人双方约定的劳动合同终止条件出现，劳动合同即行终止。

《中华人民共和国劳动合同法》第四十四条规定，有下列情形之一的，劳动合同终止：

（1）劳动合同期满的。

（2）劳动者开始依法享受基本养老保险待遇的。

（3）劳动者死亡，或者被人民法院宣告死亡或者宣告失踪的。

（4）用人单位被依法宣告破产的。

（5）用人单位被吊销营业执照、责令关闭、撤销或者用人单位决定提前解散的。

（6）法律、行政法规规定的其他情形。

8.7.2 培训部岗位实习

实习内容

1.熟悉岗前培训费和员工内部晋级培训费的核算方式。

2.具备培训费表格的填写能力。

3.区分岗前培训费和员工内部晋级培训费。

岗位职责

1.负责生产商、渠道商员工的代理培训业务。

2.负责做好员工培训费登记。

3.根据人事主管上季度招聘员工的数量，核对支票上培训费的金额。

4.负责为人事主管开具培训费的发票，并让人事主管在培训费登记表上签名确认。

5.负责指导人事主管填写员工内部晋级的相关表格。

6.负责为人事主管开具员工内部晋级的培训费发票，并让人事主管在员工内部晋级培训登记表上签名确认。

7.汇总每个季度的培训费，并上传至FTP平台。

岗位流程

1.岗前培训流程（如图8-28所示）

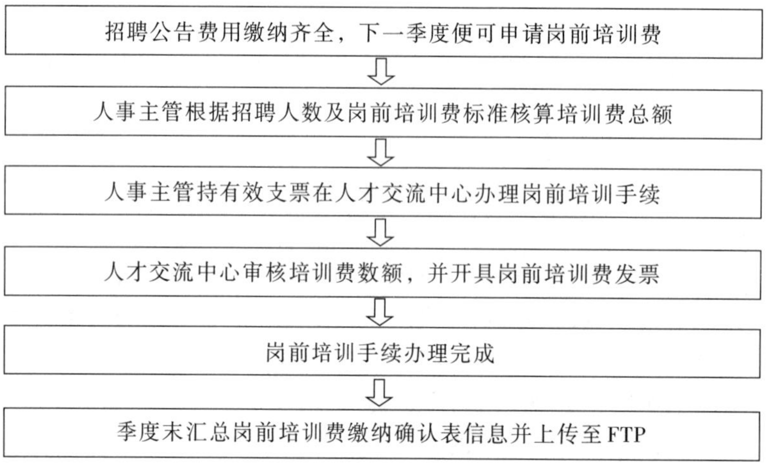

图8-28　岗前培训流程

流程说明

（1）上一季度必须发布招聘公告、缴纳招聘费用，次季度才可办理培训业务。

（2）人事主管核算岗前培训费的缴纳金额（标准薪酬的50%与培训人数之积），并填写好支票交人才交流中心审核支票的数额是否符合要求。

（3）人事主管持已审核支票在银行办理转账手续，持有效支票至人才交流中心办理培训手续。

（4）人才交流中心复核支票，开具发票并登记信息，培训手续办理完成。

2.内部晋级培训流程（如图8-29所示）

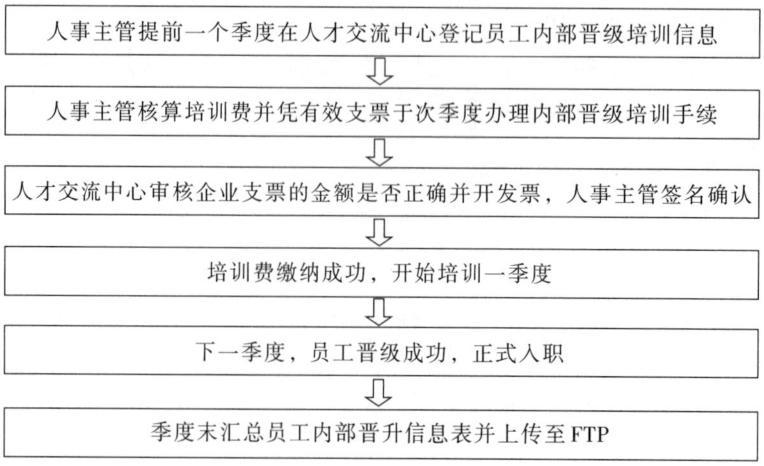

图8-29　内部晋级培训流程

流程说明

（1）人事主管提前一个季度登记员工内部晋级信息。

（2）人事主管核算员工内部晋级培训费的缴纳金额（标准薪酬的2倍培训费与培训人数之积）。

（3）次季度人事主管填写好支票交人才交流中心审核支票的数额是否符合要求。

（4）人事主管持已审核支票在银行办理转账业务，持有效支票至人才交流中心办理员工内部晋级培训手续。

（5）人事主管确认签名，员工内部晋级培训费缴纳成功，开始培训一季度。

（6）下一季度，员工晋级成功，正式入职。

实习成果

代理培训登记表、企业员工内部培训登记表。

实习表单

代理培训登记表、企业员工内部培训登记表。

相关知识点提示

拟订培训计划，首先应当从自然减员因素、现有岗位的需求量、企业规模扩大的需求量和技术发展的需求量等多个方面对培训需求进行预测。对于一般性的培训活动，需求的决定可以通过以下几种方法：

（1）业务分析。通过探讨公司未来几年内业务发展的方向及变革计划，确定业务重点，并配合公司整体发展策略，运用前瞻性的观点将新开发的业务纳入培训范畴。

（2）组织分析。培训的必要性和适当性，以及组织文化的配合是重要的前提，否则培训后，如果造成公司内更大的认知差异，就得不偿失了。另外，对于组织结构、组织目标等也应该加以分析，以确定培训的范围与重点。

（3）工作分析。培训的目的之一在于提高工作质量，以工作说明书和工作规范表为依据，确定职位的工作条件、职责及负责人员素质，并界定培训的内涵。

（4）调查分析。通过对各级主管和承办人员进行面谈或者进行问卷调查，询问其工作需求，并说明培训的主题或要强化的能力。

（5）绩效考评。合理而公平的绩效考核可以显示员工能力缺陷，在期末绩效考核完成后，能够反映员工改善的情况，因此绩效考核成为确定培训需求的重要来源。

（6）评价中心。员工在提升过程中，为了确保人选的适当性，利用评价中心测定候选人的能力是一种有效的方法，且可以兼顾员工培训需求的重点。

8.7.3 审查部岗位实习

实习内容

1.每个季度对各企业经营状况进行调查。

2.制订审查工作计划，确定各类审查事项并组织实施。

3.做好审查结果登记，并对审查过程中发现的问题提出整改建议。

岗位职责

1.负责指导企业人事主管对企业人力资源状况进行自我审查。

2.负责每个季度对企业的经营状况进行审查。

3.与企业确认，核实违规情况后，完成违规类型表和违规情况汇总表的登记工作。

4.计算补交或漏交的费用，检查补交费用的凭据，确认无误后，开具相应业务费用的发票，登记并让人事主管签名确认。

5.完成对生产商、渠道商违规类型相对应的扣分工作。

6.对每个季度的违规情况进行汇总，并上传至平台。

岗位流程

审查部岗位流程如图8-30所示。

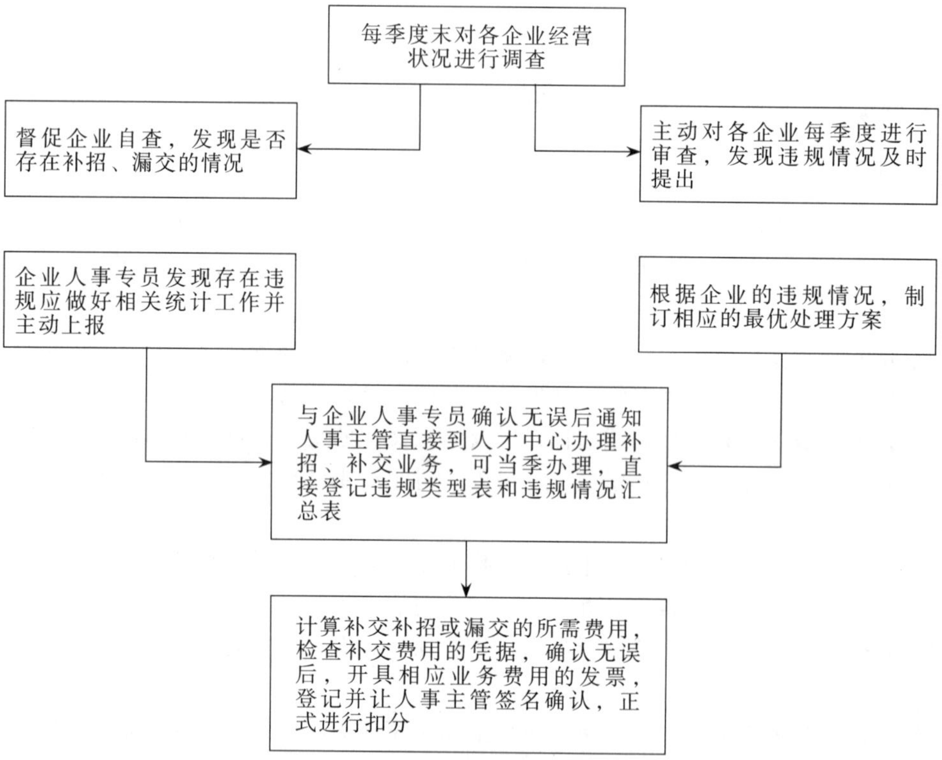

图8-30　审查部岗位流程

流程说明

1.补招业务不需提前一季度，可当季直接办理。

2.根据人事主管上一次的招聘信息进行补招，并给出一个花费最小的方案，让人事主管自行决定，直接登记违规类型表和违规情况汇总表。

3.人事主管到人才交流中心确认审核，补交补招或漏交的费用。

4.人才交流中心正式进行扣分，人事主管补招业务办理成功。

5.员工即可直接上岗。

实习成果

补招信息登记表。

实习表单

审查记录登记表、违规类型登记表、违规情况汇总表。

8.8 第三方物流岗位实习

8.8.1 运输部岗位实习

实习内容

1.熟悉运费标准和运费的核算方式。

2.具备货运单和海运联单填写的能力。

3.熟悉海运业务的相关知识。

4.信息资料的整理。

岗位职责

1.负责客户运输业务方面的沟通和咨询工作。

2.指导客户正确填制货运单、海运联单。

3.针对客户提供的有效资料及货运单、海运联单进行核对审查。

4.针对生产商的主要业务包括原材料的货运办理、产成品的货运办理、海运提单办理、装箱单办理等。

5.针对渠道商的主要业务有产成品的货物运输办理等。

6.对每个季度的运输业务进行汇总，并上传至平台。

岗位流程

1.生产商的原材料运输流程（如图8-31所示）

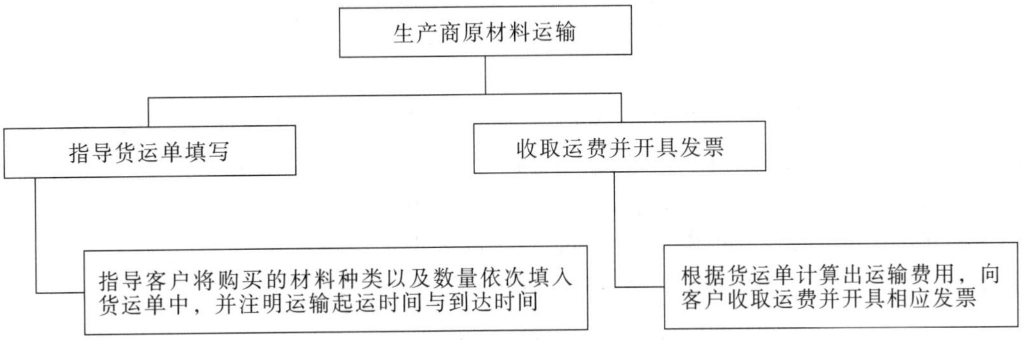

图8-31 生产商的原材料运输流程

流程说明

（1）生产商的业务主要有原材料的货运办理、产成品的货运办理、海运提单办理等。

（2）原材料货运办理所需要的材料：原材料购买发票以及支付运费的支票。

（3）指导客户将购买的材料种类以及数量依次填入货运单中，并注明运输起运时间与到达时间。

（4）根据货运单计算出运输费用，向客户收取运费并开具相应发票。

2.生产商产成品国内运输和国外运输（如图8-32所示）

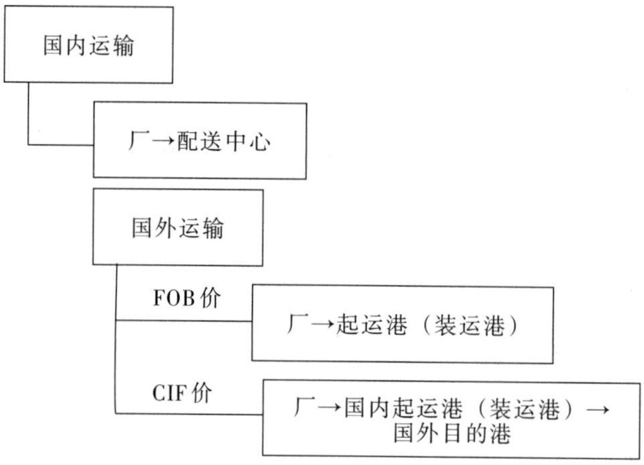

图8-32　生产商产成品国内运输、国外运输流程

流程说明

（1）生产商产成品国内运输的路线是：厂→配送中心。

（2）生产商产成品国外运输分为两种：以FOB价厂→起运港口（装运港）；以CIF价厂→国内起运港口（装运港）→国外目的港。

3.生产商产成品海运业务办理流程（如图8-33所示）

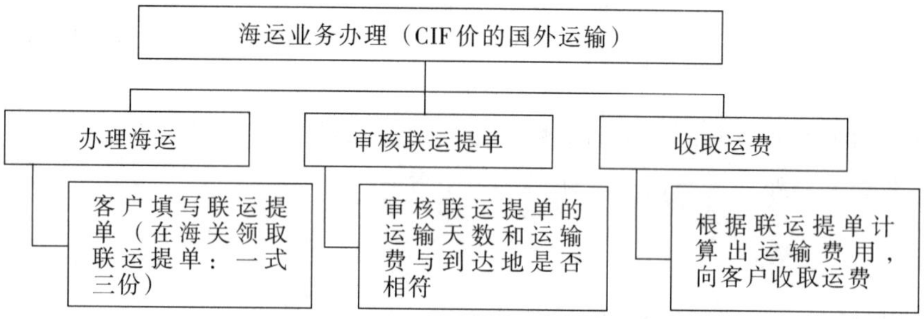

图8-33　生产商产成品海运业务办理流程

流程说明

（1）海运业务办理：海运业务办理需先办理产成品海运业务，再办理海运提单，主要需要的材料有产成品联运提单（一式三份）与装箱单（一式两份）。

（2）审核联运提单的运输天数和运输费与到达地是否相符。

（3）根据联运提单计算出的运输费用，向客户收取运费。

4.渠道商国内店铺配送运输业务（货物配送业务）（如图8-34所示）

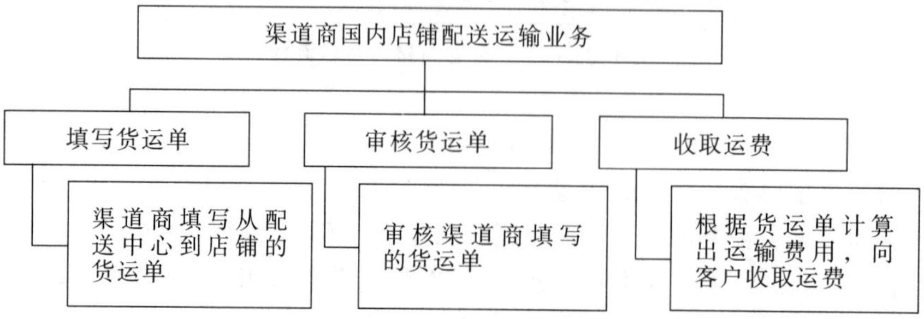

图8-34　渠道商国内店铺运输业务（货物配送业务）流程

流程说明

（1）填写货运单：渠道商填写从配送中心到店铺的货运单。

（2）审核货运单：审核渠道商填写的货运单。

（3）收取运费：根据货运单计算出运输费用，向客户收取运费。

5.渠道商国外运输业务（如图8-35所示）

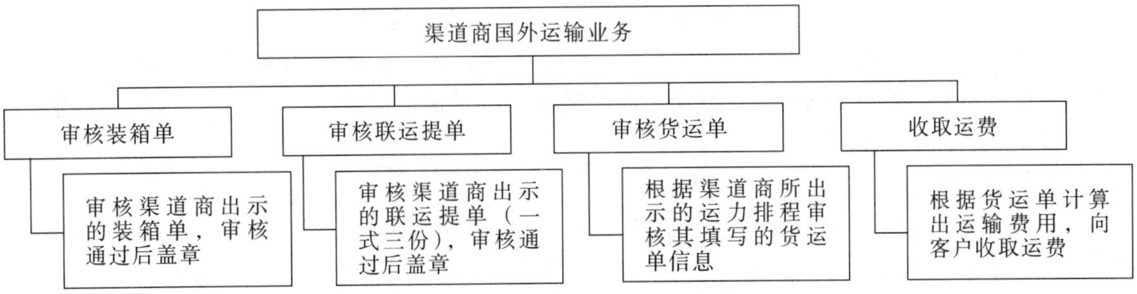

图8-35　渠道商国外运输业务流程

流程说明

（1）渠道商国外产品运输可分为两种情况：第一种，以FOB价成交的交易，国内码头→国外码头→国外配送中心；第二种，以CIF价成交的交易，国外码头→国外配送中心。

（2）审核装箱单：审核渠道商出示的装箱单，审核通过后盖章。

（3）审核联运提单：审核渠道商出示的联运提单（一式三份），审核通过后盖章。

（4）审核货运单：根据渠道商所出示的运力排程审核其填写的货运单信息。

（5）收取运费：根据货运单计算出运输费用，向客户收取运费。

6.渠道商国外店铺配送运输业务（货物配送业务）流程（如图8-36所示）

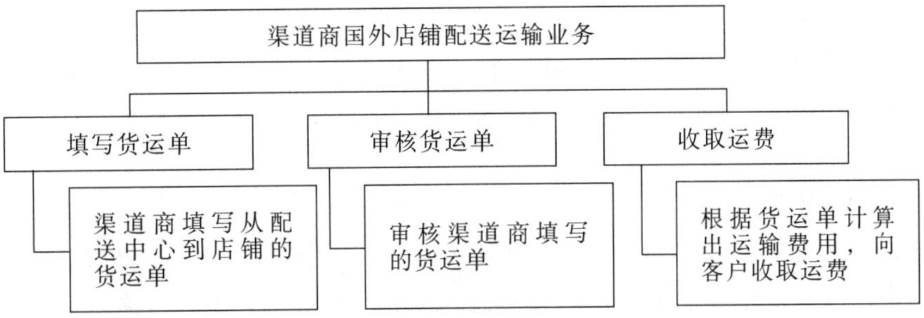

图8-36　渠道商国外店铺配送运输业务（货物配送业务）流程

港口到配送中心货运：该业务需要与该渠道商合作的生产商办理完上述生产商业务后才可以帮其进行办理，因此需要渠道商准备的材料主要有合作伙伴的海运货运单以及用于支付运费的支票。

配送中心到店铺货运：该业务需要渠道商办理港口到配送中心货运才能进行办理，因此需要渠道商提供其所办理的港口到配送中心货运业务的副本以及用于支付运费的支票。

流程说明

（1）填写货运单：渠道商填写从配送中心到店铺的货运单。

（2）审核货运单：审核渠道商填写的货运单。

（3）收取运费：根据货运单计算出运输费用，向客户收取运费。

注：渠道商办理配送中心到店铺的配送运输业务时，按运力排程情况，需要在货物运单的背面排好其运输的时间间隔、每次运输的产品种类与数量、每次运输的店铺数量、所租用的车辆类型。（通常情况下，品牌专营店自身能够容纳12天代销商品。配送中心至店铺的货物运输，每12天至少

运送一次，否则会因缺货影响销售；每次运输不能超过12天的销售数量，否则品牌自营店会难以存储。）

相关知识点提示

1.代办运输业务和自营运输业务

设在铁路沿线、货物集散地、交通枢纽的城市的物流中心或中转站，通过铁路、公路、航空等运输方式，接受货主委托，代办商品运输和中转业务，亦称“代办运输业务”。

企业以自有工具为货主运输商品的业务，亦称“自营运输业务”。合理组织运输业务，必须遵循“及时、准确、安全、经济”的原则，健全各项手续制度和凭证传递程序。

2.运输合理化的有效措施

（1）提高运输工具实载率。

实载率有两层含义：一是单车实际载重与运距之乘积和标定载重与行驶里程之乘积的比率，这在安排单车、单船运输时，是作为判断装载合理与否的重要指标；二是车船的统计指标，即一定时期内车船实际完成的货物周转量（以吨公里计）占车船载重与行驶里程之乘积的百分比。

提高实载率的意义在于：充分利用运输工具的额定能力，减少车船空驶和不满载行驶的时间，减少浪费，从而求得运输的合理化。

（2）采取减少动力投入、增加运输能力的有效措施求得合理化。

这种合理化的要点是：少投入、多产出，走高效益之路。运输的投入主要是能耗和基础设施的建设，在设施建设已定型和完成的情况下，尽量减少能源投入，是少投入的核心。这方面的有效措施有：①满载超轴。“超轴”的含义就是在机车能力允许的情况下，多加挂车皮。我国在客运紧张时，也采取加长列车、多挂车皮办法，在不增加机车的情况下增加运输量。②水运拖排和拖带法。竹、木等物资的运输，利用竹、木本身浮力，不用运输工具载运，采取拖带法运输，可省去运输工具本身的动力消耗从而求得合理化；将无动力驳船编成一定队形，一般是“纵列”，用拖轮拖带行驶，可以实现比船舶载乘运输运量大的优点，求得合理化。③顶推法。顶推法是将内河驳船编成一定队形，由机动船顶推前进的航行方法。其优点是航行阻力小、顶推量大、速度较快、运输成本很低。④汽车挂车。汽车挂车的原理和船舶拖带、火车加挂基本相同，都是在充分利用动力能力的基础上，增加运输能力。

（3）发展社会化运输体系。

运输社会化是指发展运输的大生产优势，实际专业分工，打破一家一户自成运输体系的状况。实行运输社会化，可以统一安排运输工具，避免对流倒流、空驶、运力不当等多种不合理形式，不但可以追求组织效益，而且可以追求规模效益。在社会化运输体系中，各种联运体系是水平较高的方式，联运方式充分利用面向社会的各种运输系统，通过协议进行一票到底的运输，有效打破了一家一户的小生产，受到了欢迎。

（4）开展中短距离铁路公路分流，“以公代铁”的运输。

这一措施的要点，是在公路运输经济里程范围内，或者经过论证，超出通常平均经济里程范围，也尽量利用公路。这种运输合理化的表现主要有两点：一是对于比较紧张的铁路运输，用公路分流后，可以得到一定程度的缓解，从而加大这一区段的运输通过能力；二是充分利用公路灵活机动的优势，实现铁路运输服务难以达到的水平。

（5）尽量发展直达运输。

直达运输是追求运输合理化的重要形式，其对合理化的追求要点是通过减少中转、过载、换载，从而提高运输速度，节省装卸费用，降低中转货损。直达运输的优势，在一次运输批量和用户一次需求量达到了一整车时表现最为突出。此外，在生产资料、生活资料运输过程中，通过直达运输建立稳定的产销关系和运输系统，也有利于提高运输的计划水平。

需要指出的是，如同其他合理化措施一样，直达运输的合理性也是有条件限制的，不能认为直达运输一定优于中转运输。从用户需要量角度看，批量大到一定程度时，直达是合理的；批量较小时，中转才是合理的。

（6）配载运输。

配载运输是充分利用运输工具载重量和容积，合理安排装载的货物及载运方法以求得合理化的一种运输方式。配载运输也是提高运输工具实载率的一种有效形式。配载运输往往是轻重商品的混合配载，在以重质货物运输为主的情况下，同时搭载一些轻泡货物，在基本不增加运力投入情况下，解决了轻泡货物的搭运，因而效果显著。

（7）"四就"直拨运输。

"四就"直拨运输是减少中转运输环节，力求以最少的中转次数完成运输任务的一种形式。"就厂直拨，就车站、码头直拨，就库直拨，就车、船过载"简称为"四就"直拨。

（8）发展特殊运输技术和运输工具。

依靠科技进步是运输合理化的重要途径。例如，专用散装及罐车，解决了粉状、液状物运输损耗大、安全性差等问题；袋鼠式车皮、大型半挂车解决了大型设备整体运输问题；"滚装船"解决了车载货的运输问题；集装箱船比一般船能容纳更多的箱体；集装箱高速直达车船加快了运输速度等。

（9）通过流通加工，使运输合理化。

有不少产品，由于产品本身形态及特性问题，很难实现运输的合理化，如果进行适当加工，就能够有效解决合理运输问题。例如，将造纸材料在产地预先加工成干纸浆，然后压缩体积运输，就能解决造纸材料运输不满载的问题；轻泡产品预先捆紧包装成规定尺寸，装车就容易提高装载量；水产品及肉类预先冷冻，就可提高车辆装载率并降低运输损耗。

8.8.2 租赁部岗位实习

实习内容

1.熟悉租赁的种类和租赁业务的核算方式。

2.具备填写租赁合同的能力。

3.了解生产商厂房与仓库租赁的相关知识。

4.了解渠道商店铺与配送中心租赁的相关知识。

岗位职责

1.负责客户租赁业务方面的沟通和咨询工作。

2.负责与客户签订租赁合同并指导客户正确填写。

3.对客户提供的有效材料（营业执照、税务登记证）进行审查核对。核对无误后在租赁合同上签字盖章，并提醒经办人每个季末需交纳店铺租金以及管理费、装修费，配送中心每一季末需要交付租金及运营费（除开始租赁的第一季需要在季初交付租金外，其他都是季末交付；装修费在第一季的季末就要全部支付完成）。

4.在规定的时间内提醒对方前来办理业务。

5.对每个季度的租赁业务进行登记及汇总，并上传至平台。

岗位流程

租赁部岗位流程如图8-37所示。

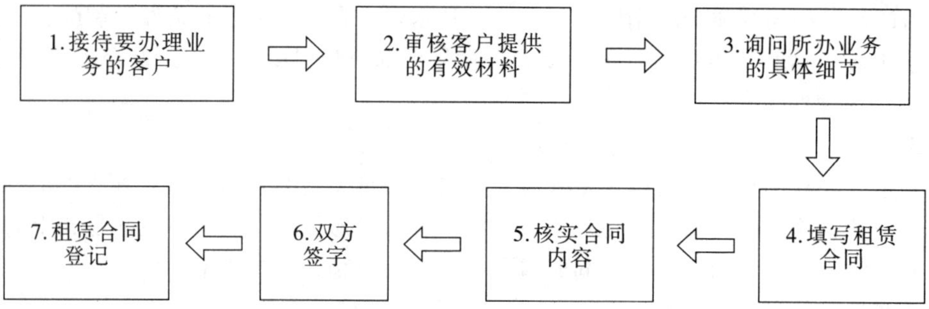

图8-37 租赁部岗位流程

流程说明

1.询问客户要办理的业务类型。

2.对办理租赁或购买业务的客户进行资格审核，确保客户信息的准确性以及有效性。

3.询问所办业务的具体细节，并审核其办理的业务是否符合其实际的运营要求。

4.填写租赁合同。

5.核实合同内容。

6.双方签字。

7.租赁合同登记。

实习成果

厂房租赁汇总表、仓库租赁汇总表、店铺租赁汇总表、配送中心租赁汇总表。

实习表单

厂房租赁业务统计表、仓库租赁业务统计表、店铺租赁业务统计表、配送中心租赁业务统计表。

相关知识点提示

1.租赁当事人

出租人：出租物件的所有者，拥有租赁物件的所有权，将物品租给他人使用，收取报酬。

承租人：出租物件的使用者，租用出租人物品，向出租人支付一定的费用。

2.租赁标的

用于租赁的物件。

3.租赁期限

租赁期限即租期，指出租人出让物件给承租人使用的期限。物品的租赁期限不得超过20年。超过20年的，超过部分无效。

租赁期限届满，当事人可以续订租赁合同，但约定的租赁期限自续订之日起不得超过20年。

4.租赁费用

租赁费用即租金，是承租人在租期内获得租赁物品的使用权而支付的代价。

5.租赁的主要特征

（1）一般采用融通设备使用权的租赁方式，以达到融通资产的主要目的。对出租人来说，它是一种金融投资的新手段，对承租人来说，它是一种筹措设备的新方式。

（2）租赁设备的使用限于工商业、公共事业和其他事业，排除个人消费用途。

（3）租金是融通资金的代价，具有贷款本息的性质。

（4）租期内，设备的所有权归出租人，使用权归承租人。

8.8.3 审查部岗位实习

实习内容

1.熟悉生产商与渠道商运力排程表审核流程。
2.熟悉货物运输费用的核算方法。
3.审核货物运输发生时间、数量、运费。

岗位职责

1.对客户提供的有效材料进行核对审查。
2.根据客户提供的运力排程表，在规定的时间提醒对方前来办理业务。
3.每季度末对渠道商的运力排程表进行审核。

岗位流程

1.生产商原材料运输业务审核
（1）审核生产商原材料运输业务办理情况，流程如图8-38所示。

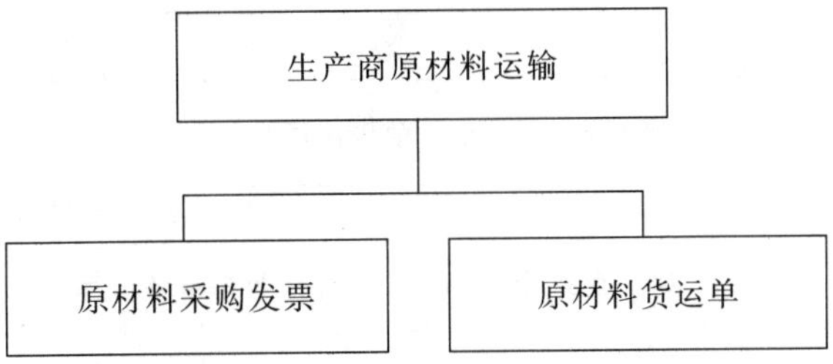

图8-38　生产商原材料运输业务审核流程

（2）第三方物流确认无误后在运力排程表单据上签“已审核”，并加盖物流专用章。
（3）如有违规情况，需做好记录，双方签字确认。
（4）交回审核材料，完成审核。
（5）审核要点：发生时间、数量、运费。

流程说明

生产商原材料运输（信息中心→仓库）审核需要提供的资料：①原材料采购发票；②原材料货运单。

2.生产商内销业务审核（如图8-39所示）

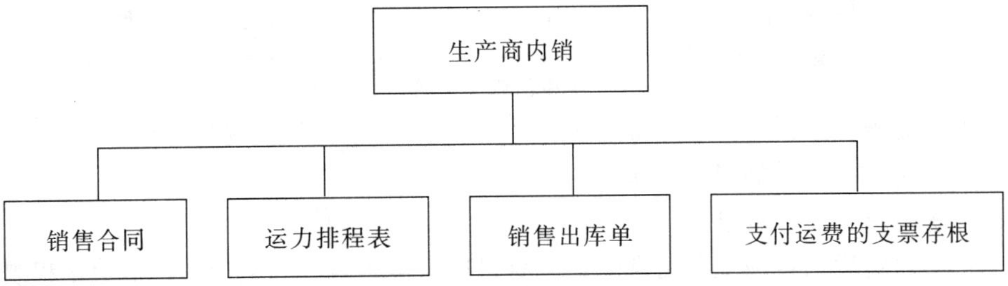

图8-39　生产商内销业务审核流程

流程说明

内销（仓库→国内配送中心）需要提供的资料：①销售合同；②运力排程表；③销售出库单；④支付运费的支票存根。

3.生产商外销（FOB价）业务审核（如图8-40所示）

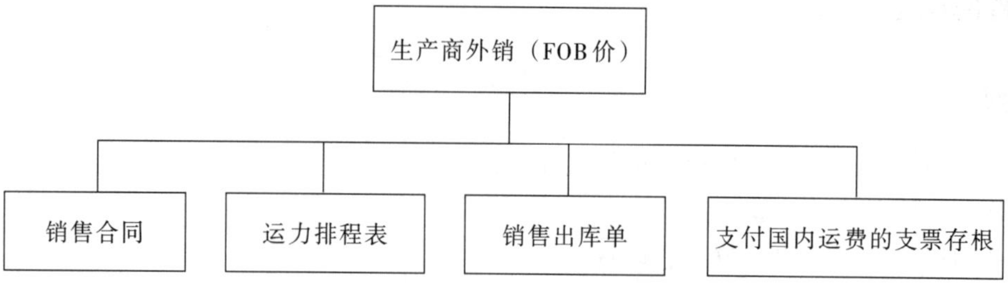

图8-40 生产商外销（FOB价）业务审核流程

流程说明

生产商外销（FOB价）（仓库→国内港口）审核需要提供的资料：①销售合同；②运力排程表；③销售出库单；④支付国内运费的支票存根。

4.生产商外销（CIF价）业务审核（如图8-41所示）

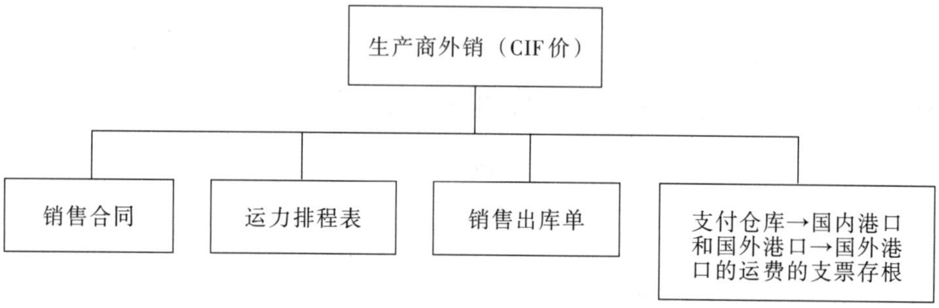

图8-41 生产商外销（CIF价）业务审核流程

流程说明

生产商外销（CIF价）（仓库→国内港口→国外港口）审核需要提供的资料：①销售合同；②运力排程表；③销售出库单；④支付仓库→国内港口和国外港口→国外港口的运费的支票存根。

5.渠道商内销业务审核

（1）审核渠道商内销业务，流程如图8-42所示。

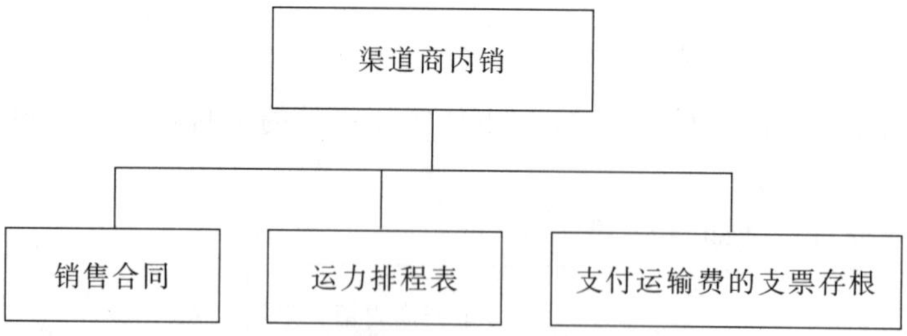

图8-42 渠道商内销业务审核流程

（2）第三方物流确认无误后在运力排程表上签“已审核”，并加盖物流专用章。

（3）如有违规情况，需做好记录，双方签字确认。

（4）交回审核材料，完成审核。

特别提示：渠道商凭已盖物流专用章的渠道商“运力排程表”和生产商“运力排程表”等有效单据办理销售业务。

流程说明

渠道商内销业务（国内配送中心→国内专卖店）审核需要提供的资料：①销售合同；②运力排程

表；③支付运输费的支票存根。

6.渠道商外销业务审核（如图8-43所示）

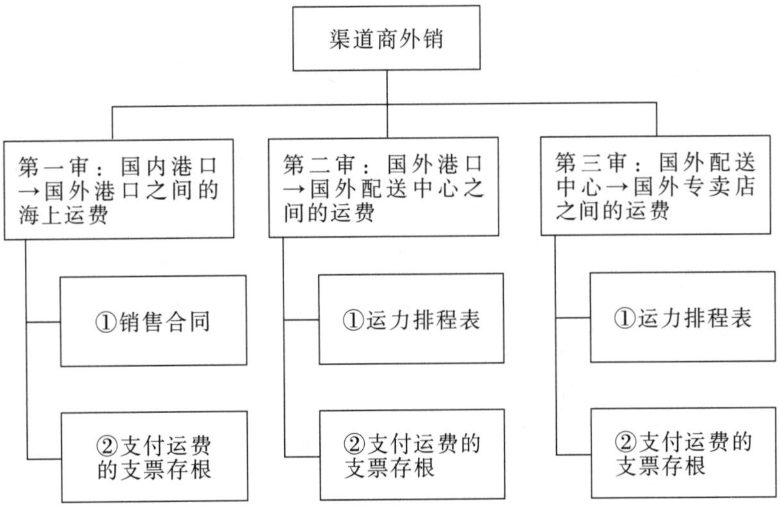

图8-43　渠道商外销业务流程

流程说明

渠道商外销业务审核需要提供的资料：

第一审，国内港口→国外港口之间的海上运费，需提供：①销售合同；②支付运费的支票存根。

第二审，国外港口→国外配送中心之间的运费，需提供：①运力排程表；②支付运费的支票存根。

第三审，国外配送中心→国外专卖店之间的运费，需提供：①运力排程表；②支付运费的支票存根。

注：FOB价走第一、二、三审流程；CIF价走第二、三审流程。

实习成果

业务数据统计报告、运输业务统计表、审核情况统计表。

实习表单

运力排程表、运输单、运输业务统计表、审核情况统计表。

【相关知识点提示】

无。

第三部分
实习活动

综合仿真实习CI设计大赛

活动名称

综合仿真实习CI设计大赛。

活动简介

CI（Corporate Identity）设计是20世纪60年代由美国首先提出，70年代在日本得以推广和广泛应用，它是现代企业走向整体化、形象化和系统管理的一种全新的概念。其定义是：将企业经营理念与精神文化，运用整体传达系统（特别是视觉传达系统），传达给企业内部与大众，并使其对企业产生一致的认同感或价值观，从而达到形成良好的企业形象和促销产品的设计系统的效果。CI系统由理念识别（Mind Identity，简称MI）、行为识别（Behariour Identity，简称BI）和视觉识别（Visual Identity，简称VI）三方面构成。

活动旨在要求所有团队通过CI设计，推广、普及CI理念，从而在实践中接触并学习CI的基本理论，了解CI的战略思想。通过CI设计大赛，为同学提供实践平台，使理论运用于实践；锻炼同学们对企业文化了解与建设能力，提高相关素养；为企业做广告出谋划策，提升企业形象。

CI设计大赛是综合仿真实习过程中，为了强化实习学生的品牌意识，将CI设计相关理论知识运用于实践而推出的实践性极强的比赛性质的活动。

CI设计大赛共分两个部分，即LOGO设计和CIS手册编制。

活动组织

主办方：综合仿真实习总指导部

承办方：各期活动策划小组

协办方：各期学风小组、宣传小组

活动对象

跨学科跨专业综合仿真实习各仿真公司（含外围机构）。

活动过程

CI设计大赛分为初赛和决赛两个阶段。

初赛阶段是由各仿真实习课室指导老师自行推选优秀团队参加复赛，推选办法和流程由各课室指导老师制定。

复赛采用指导老师集体评议和网络投票相结合的方式进行，最终选择12个团队进入最终决赛。具体评议方式及投票形式以当期所发活动通知为准。

决赛当天，进入决赛小组需对小组CI作品和CIS手册进行现场展示，并由评委老师打分及评选。

活动评分表格

本活动所使用的表格见表1。

表1 **活动评分表**

序号	企业编号	评分项目				成绩
		仪表仪态（10分）	LOGO设计投票（40分）	台风表达（20分）	CIS手册编制（30分）	
1						
2						
3						
4						
5						
6						
…						

活动奖励

CI设计大赛奖励分为荣誉奖励和考核奖励两部分。

荣誉奖励。比赛共设置一等奖1名，二等奖2名，三等奖3名。综合仿真实习总指导部将在总结表彰大会上进行表彰，并颁发荣誉证书。

考核奖励。作为仿真实习的重要环节，CI设计大赛优秀团队将获得考核评分奖励。在决赛阶段获奖团队将由综合仿真实习总指导部在年度考核中另行加分，一等奖、二等奖、三等奖分别记4分、3分、2分，进入决赛但未获奖的团队记1分。未进入决赛阶段的团队，可通过决赛现场活动环节获得0.5～1分的团队积分。

活动注意事项

1.参赛作品必须是各团队独创，不得抄袭。

2.所有作品原则上不予退回。比赛结束后，大赛组委会不负责退回或保存未中奖的作品，而有权予以删除或销毁。

3.参赛者同意其获奖作品的著作权归主办方所有。

综合仿真实习“三创”项目交流会

活动名称

综合仿真实习“三创”项目交流会。

活动简介

“三创”（创新、创意、创业）项目交流会是综合仿真实习平台为响应国家“大众创新，万众创业”的号召，践行广东白云学院校企协同育人改革，发挥综合仿真实习平台创业教育功能而特别设置的一项活动。

“三创”项目交流会，旨在激发学生创新意识，提升学生创意水平，提高学生创业能力。本活动意在通过综合仿真实习课程训练，培养学生的创新思维，提高创新创业意识，营造创新创业人才成长环境，从而推动经管类专业学生创新创业能力发展，满足新时期对经管类专业创新创业人才培养的新需求，增强产业转型升级的应用型创新型人才培养，更好地服务于学生的创新创业活动。

活动组织

主办方：综合仿真实习总指导部

承办方：各期活动策划小组

协办方：各期学风小组、宣传小组

活动对象

跨学科跨专业综合仿真实习各仿真公司。

活动过程

“三创”项目交流会分为项目筛选和交流评选两个阶段。

项目筛选阶段是由各仿真实习课室指导老师根据各仿真公司提供的创意点，指导填写“三创”项目摘要，并根据具体情况采取灵活的方式推选优秀的“三创”项目参与交流评选阶段。

交流评选阶段采取互动形式进行。先由项目负责人对自己的“三创”项目做详细的阐述，再由评审老师提出相关问题进行互动交流，经过充分交流后，现场评审老师及学生共同投票产生较为优秀的“三创”项目。

活动评分表格

本活动所使用的表格见表2。

表2 活动评分表

序号	企业编号	评分项目				总成绩
		仪表仪态（10分）	项目新颖性（40分）	项目可行性（30分）	项目书的完整性（20分）	
1						
2						
3						
4						
5						
6						
…						

活动奖励

“三创”项目交流会奖励分为荣誉奖励和考核奖励两部分。

荣誉奖励。“三创”项目交流会共评选优秀项目6个。综合仿真实习总指导部在总结表彰大会上进行表彰，并颁发荣誉证书。

考核奖励。作为仿真实习的核心环节，“三创”项目交流会优秀项目团队将获得考核评分奖励。在决赛阶段获奖团队将由综合仿真实习总指导部在年度考核中另行加分，一等奖、二等奖、三等奖分别记4分、3分、2分，进入决赛但未获奖的团队记1分。未参与决赛阶段团队，可通过决赛现场活动环节获得0.5～1分的团队积分。

活动注意事项

1.参赛作品必须是各团队独创，不得抄袭。

2.所有作品原则上不予退回。比赛结束后，大赛组委会不负责退回或保存未中奖的作品，而有权予以删除或销毁。

3.参赛者同意其获奖作品的著作权归主办方所有。

综合仿真实习团队风采大赛

活动名称

综合仿真实习团队风采大赛。

活动简介

综合仿真实习团队风采大赛是综合仿真实习总指导部为了展示各仿真公司实习风采，搭建学生互动交流平台，活跃综合仿真实践课程气氛而举办的一项活动。

在综合仿真实习过程中，各仿真实习团队每天都发生着不一样的故事，伴随着团队成员的成长，团队风采大赛正是他们展现自我，留下美好回忆的平台。

团队风采大赛以“同一个仿真，不同的我们”为主题，以仿真实习进程为主线，要求仿真实习团队采用生动活泼的形式表达自我。

活动组织

主办方：综合仿真实习总指导部

承办方：各期活动策划小组

协办方：各期学风小组、宣传小组

活动对象

跨学科跨专业综合仿真实习各仿真公司。

活动过程

团队风采大赛分为初赛和决赛两个阶段。

在初赛阶段，由各仿真实习课室自行推选优秀作品参加决赛，推选办法和流程由各课室指导老师制定。参赛形式以较为新颖的短视频、微电影、H5作品、手工作品、文艺作品等为主，要求能够结合仿真实际，不能是脱离仿真的才艺表演。

决赛阶段采取现场演示、现场打分的形式进行，各参赛组依次上台展示团队作品，再由评审老师和学生评审现场打分，评出名次。

活动评分表格

本活动所使用的表格见表3。

表3　　活动评分表

序号	企业编号	评分项目				总成绩
		仪表仪态（10分）	作品形式新颖性（30分）	作品内容逻辑性（30分）	团队整体性（30分）	
1						
2						
3						
4						
5						
6						
…						

活动奖励

团队风采大赛奖励分为荣誉奖励和考核奖励两部分。

荣誉奖励。比赛共设置一等奖1名，二等奖2名，三等奖3名。综合仿真实习总指导部在总结表彰大会上进行表彰，并颁发荣誉证书。

考核奖励。作为仿真实习的最后的环节，团队风采大赛获奖团队还将获得考核评分奖励。在决赛阶段获奖团队将由综合仿真实习总指导部在年度考核中另行加分，一等奖、二等奖、三等奖分别记4分、3分、2分，进入决赛但未获奖的团队记1分。未参与决赛阶段团队，可通过决赛现场活动环节获得0.5～1分的团队积分。

活动注意事项

1.参赛作品必须是各团队原创，不得抄袭。

2.所有作品原则上不予退回。比赛结束后，大赛组委会不负责退回或保存未中奖的作品，而有权予以删除或销毁。

3.参赛者同意其获奖作品的著作权归主办方所有。

财务实习资料评比

活动名称

财务实习资料展示。

活动简介

为了更好地展示各公司财务部的工作成果，对生产商和渠道商的会计凭证、账簿、报表进行展示并评比。

活动组织

主办方：综合仿真实习总指导部
承办方：各期活动策划小组
协办方：各期学风小组、宣传小组

活动对象

跨学科跨专业综合仿真实习各仿真公司。

活动过程

各生产商、渠道商的会计凭证、会计账簿均可参加评选，审计部门根据评分标准，在全部生产商和渠道商中分别选出9份和4份优秀财务实习资料参加最终评选。

选出的优秀财务实习资料于第二年第一季度结束后将存放在展示厅进行评比。在展示期间，各公司（机构）可派代表参与投票。最终评分包含两个部分：学生投票占30%，指导老师评分占70%。根据综合得分在生产商和渠道商中选出6份最终的优秀财务实习资料。

活动奖励

奖项设置一等奖1名、二等奖2名、三等奖3名。获奖单位由综合仿真实习总指导部在年度考核中另行加分，三等奖、二等奖、一等奖分别记2分、3分、4分，进入决赛的记1分。

评分标准表格

本活动所使用的表格见表4。

表4

活动评分表

机构名称	真实性（20%）	规范性（20%）	准确性（20%）	及时性（20%）	装订规范整洁（20%）

第四部分

成绩考核

综合仿真实习学生成绩考核办法

为提高综合仿真实习的教学质量，实现综合仿真实习的教学目标，保证综合仿真实习顺利进行，特制定综合仿真实习学生成绩考核办法。

一、考核原则

1.有效性原则

综合仿真实习成绩考核体系的构建必须根据综合仿真实习的实际情况，真实有效地反映该课程的特色，体现出该课程的教学目标，适应应用技术大学转型的需要，同时促进教学改革的深入进行。该课程的教学目标指出了需要培养学生的创新能力、团队协作能力等，因此需从团队成绩和个人成绩两个角度来设置相应的考核指标。

2.客观性原则

综合仿真实习成绩考核指标体系的构建过程中，需从评价主体、评价内容等方面力求客观与公正。从评价主体上来讲，需从指导教师、团队负责人、总指导部、外围机构等不同角度做出评价。从评价内容来讲，包括团队的经营状况、企业文化管理、团队专题、实习报告、活动、出勤等方面。这样可避免老师或学生从单一的角度做出主观评价。

3.科学性原则

综合仿真实习成绩考核体系的构建要以人才培养的目标为出发点，以企业实践教学为导向，体现以学生为中心的教学模式，采取过程性评价和结果性评价相结合的方式。以正确的数据为基础，以客观事实为依据，能够对综合仿真实习的各个方面进行客观评价。考核涉及综合仿真实习的各个过程，如各经营年度的业绩、学习纪律、学生实习成果等方面，要对实验教学情况做出公正的评价，避免随意评价。

4.全面性原则

综合仿真实习成绩考核体系构建的全面性包括如下几方面：一是评价主体，分为指导教师评价、机构负责人评价和总指导部评价；二是评价指标，包括团队绩效和个人绩效；三是评价对象，包括对学生个人的评价和对团队整体的评价。

二、综合仿真实习成绩考核指标构成

综合仿真实习成绩考核指标见表5。

表5　　　　**综合仿真成绩实习考核体系**

综合仿真实习学生成绩考核体系（100%）												
团队绩效考核（45%）						个人绩效考核（55%）						
团队绩效考评（40%）					团队专题分析报告（5%）	个人平时绩效考评（45%）						个人实习报告（10%）
公司或机构经营绩效（40%）			比赛加分	违规违纪扣分		岗位职责（22%）			个人平时成绩（23%）			
经营状况（20%）	实习文档（10%）	企业文化与管理（10%）				工作态度（8%）	工作量大小（6%）	工作成果（8%）	个人年度总结（3%）	实习出勤（10%）	综合能力（10%）	
经营状况项目主要考核生产商、渠道商的销售额、净资产收益率、资产规模、总资产收益率四个指标，外围机构的经营状况从服务满意度来做出评价，包括服务态度、服务专业性、服务效率、业务办理正确率； 实习文档项目主要从文档的完整性和文档质量两方面进行考核； 企业文化与管理项目主要从学生考勤、例会和团队协作区三方面进行考核			一、二、三等奖分别加3分、2分、1分	详见《综合仿真实习违规违纪规定》	结构合理，层次清晰，观点正确	主动接受工作任务，按时完成工作情况	完成工作业务量的多少	需提交工作成果情况	内容真实丰富	按时出勤，不迟到不早退。详见《综合仿真实习考勤管理规定》	工作中有突出表现，或活动获奖	要求： 内容真实，表述清晰，体会深刻，建议合理
公司或机构、指导教师、总指导部			总指导部评定	外围机构评定，指导教师审核	指导教师评定	公司或机构评定	公司或机构评定	公司或机构评定	指导教师评定	总指导部评定	指导教师评定	指导教师评定

三、考核细则

（一）团队绩效考核（45分）

各经营年度结束后，对生产商、渠道商和外围机构进行年度考核，并对考核结果进行排名。仿真实习结束后，根据各年度考核总评成绩作为团队绩效考核成绩。

综合仿真实习团队年度考核表参见附件1。

1.公司或机构经营绩效（40分）

（1）经营状况（20分）

①生产商、渠道商经营情况。生产商、渠道商在年度终了时将财务报表提交到审计事务所，由审计事务所审核财务报表的真实性与正确性，再计算销售额、净资产利润率、资产规模、总资产收益率，最后将经营绩效指标从高到低进行排序，计算出经营状况的得分。

综合仿真实习团队经营状况统计表参见附件2。

②外围机构适用服务满意度。服务满意度从服务态度（5分）、服务专业性（5分）、服务效率（5分）、业务办理正确率（5分）四方面，由生产商和渠道商在每个仿真实习年度结束后，以调查问卷的方式对各外围辅助机构评分，然后由指导部进行汇总，计算出所有问卷的平均分作为服务满意度的成绩。

综合仿真实习外围机构服务满意度调查问卷参见附件3。

（2）实习文档（10分）

实习文档包括纸质文档和电子文档，纸质文档需要装订成册，包括业务过程资料和实习材料汇编，电子文档需按要求上传到FTP。根据总指导部要求检查相关的文档，由总指导部在每个仿真实习年度公布需要评价质量的文档，指导部安排相关指导老师做出评价。文档的完整性和文档质量各占5

分，其中，对于完整性的评价，由指导老师根据实习文档列表检查所有的实习文档，少一项扣0.5分，扣完5分为止。评价文档质量的指标主要包括：生产排程、各项预算、计划、总结、财务分析、会计核算资料等。

综合仿真实习文档写作要求及评分标准参见附件4；综合仿真实习文档检查表参见附件5。

（3）企业文化与管理（10分）

①考勤（5分）。由总指导部根据学生的出勤情况及《综合仿真实习考勤管理规定》评定考勤成绩。

②例会（2分）。例会的评定包括例会的开展及例会质量，要求每次例会必须有会议记录，少开一次例会扣1分，少一次会议记录扣0.5分，例会敷衍了事等影响例会质量每次扣0.5分，扣完2分为止。

③团队协作（3分）。团队协作主要从学生的团队管理、团队的实习状态等方面做出评价，团队内部不团结的，每次扣1分；团队内有违纪的，如实习时间玩游戏、看视频、擅自脱离实习岗位等，每次每人扣1分，扣完3分为止。

2.赛事加分

根据各项比赛方案的规定，对获得第一、二、三等奖的，分别加3分、2分、1分，由总指导部根据比赛结果评定成绩。

3.违规违纪扣分

①违规扣分：由外围机构根据仿真公司违规行为处理的暂行规定评定，总指导部汇总。

仿真公司违规行为处理的暂行规定参见附件6。

②违纪扣分：由总指导部根据抽查情况予以扣分。

4.团队专题分析报告（5分）

在实习结束时，由指导老师进行成绩评定。

综合仿真实习团队专题分析报告选题列表参见附件7；综合仿真实习团队专题分析报告模板参见附件8。

（二）个人绩效考核（55分）

1.岗位职责（22分）

由各公司CEO/机构负责人根据团队成员的工作态度、工作量大小、工作成果做出综合评价。

综合仿真实习公司CEO/机构负责人评分表模板参见附件9。

2.个人平时成绩（23分）

个人平时成绩考核内容包括个人年度总结、实习出勤和综合能力。其中，个人年度总结每个仿真实习年度需提交一篇，由指导老师评阅；实习出勤由总指导部根据《综合仿真实习考勤管理规定》评定成绩；综合能力由指导老师根据学生为团队做出贡献程度、活动参与及获奖情况、综合表现等酌情评定成绩。

综合仿真实习个人年度总结模板参见附件10。

3.个人实习报告

要求内容真实丰富，业务表达清晰，经验体会深刻，思考建议合理。

综合仿真实习个人实习报告模板参见附件11。

在实习结束后，由指导老师评定个人平时成绩及个人实习报告。总指导部根据综合仿真实习CEO/机构负责人评分表、综合仿真实习指导教师评分表、综合仿真实习年度考核表进行汇总，评定出学生实习成绩。

附件1

综合仿真实习团队年度考核表

（生产商适用）

第　年度

机构简称	经营状况（20分）				实习文档（10分）		企业文化与管理（10分）			常规项目得分	赛事加分	违规违纪扣分	合计
	资产规模（5分）	销售额（5分）	净资产收益率（5分）	总资产收益率（5分）	文档的完整性（5分）	文档质量（5分）	考勤（5分）	例会（2分）	团队协作（3分）				
SA01													
SA02													
SA03													
SA04													
SA05													
SA06													
SA07													
SA08													
SA09													
SA10													
SA11													
SA12													
SA13													
SA14													
SA15													

综合仿真实习团队年度考核表

（渠道商适用）

第　年度

机构简称	经营状况（20分）				实习文档（10分）		企业文化与管理（10分）			常规项目得分	赛事加分	违规违纪扣分	合计
	资产规模（5分）	销售额（5分）	净资产收益率（5分）	总资产收益率（5分）	文档的完整性（5分）	文档质量（5分）	考勤（5分）	例会（2分）	团队协作（3分）				
SA01													
SA02													
SA03													
SA04													
SA05													
SA06													
SA07													
SA08													
SA09													
QA01													
QA02													
QA03													
QA04													
QA05													

综合仿真实习团队年度考核表

（外围机构适用）

第　年度

单位（外围机构）	经营状况（20分）				实习文档（10分）		企业文化与管理（10分）			常规项目得分	赛事加分	违规违纪扣分	合计
	服务态度（5分）	服务专业性（5分）	服务效率（5分）	业务办理正确率（5分）	文档的完整性（5分）	文档质量（5分）	考勤（5分）	例会（2分）	团队协作（分3）				
A区海关													
A区人力资源中心													
A区信息中心													
A区工商局													
A区税务局													
A区银行													
A区第三方物流中心													
A区审计													
B区海关													
B区人力资源中心													
B区信息中心													
B区工商局													
B区税务局													
B区银行													

附件2

综合仿真实习团队经营状况统计表

第　年度

机构名称	年初资产总额	年末资产总额	资产平均余额	本年销售收入	本年净利润	年初所有者权益	年末所有者权益	所有者权益平均余额	净资产收益率	总资产收益率

注：1.净资产收益率=本年净利润÷所有者权益平均余额×100%

2.总资产收益率=本年净利润÷资产平均余额×100%

附件3

综合仿真实习外围机构服务满意度调查问卷

____区工商局、税务局：

评分项目	评分 5非常满意；4很满意；3一般；2不满意；1非常不满意
服务态度	5□ 4□ 3□ 2□ 1□
服务专业性	5□ 4□ 3□ 2□ 1□
服务效率	5□ 4□ 3□ 2□ 1□
业务办理正确率	5□ 4□ 3□ 2□ 1□
意见或建议	

____区银行：

评分项目	评分 5非常满意；4很满意；3一般；2不满意；1非常不满意
服务态度	5□ 4□ 3□ 2□ 1□
服务专业性	5□ 4□ 3□ 2□ 1□
服务效率	5□ 4□ 3□ 2□ 1□
业务办理正确率	5□ 4□ 3□ 2□ 1□
意见或建议	

____区第三方物流中心：

评分项目	评分 5非常满意；4很满意；3一般；2不满意；1非常不满意
服务态度	5□ 4□ 3□ 2□ 1□
服务专业性	5□ 4□ 3□ 2□ 1□
服务效率	5□ 4□ 3□ 2□ 1□
业务办理正确率	5□ 4□ 3□ 2□ 1□
意见或建议	

____区人力资源中心：

评分项目	评分 5非常满意；4很满意；3一般；2不满意；1非常不满意
服务态度	5□ 4□ 3□ 2□ 1□
服务专业性	5□ 4□ 3□ 2□ 1□
服务效率	5□ 4□ 3□ 2□ 1□
业务办理正确率	5□ 4□ 3□ 2□ 1□
意见或建议	

____区信息中心：

评分项目	评分 5非常满意；4很满意；3一般；2不满意；1非常不满意
服务态度	5□ 4□ 3□ 2□ 1□
服务专业性	5□ 4□ 3□ 2□ 1□
服务效率	5□ 4□ 3□ 2□ 1□
业务办理正确率	5□ 4□ 3□ 2□ 1□
意见或建议	

____区审计事务所：

评分项目	评分 5非常满意；4很满意；3一般；2不满意；1非常不满意
服务态度	5□ 4□ 3□ 2□ 1□
服务专业性	5□ 4□ 3□ 2□ 1□
服务效率	5□ 4□ 3□ 2□ 1□
业务办理正确率	5□ 4□ 3□ 2□ 1□
意见或建议	

____区海关：

评分项目	评分 5非常满意；4很满意；3一般；2不满意；1非常不满意
服务态度	5□ 4□ 3□ 2□ 1□
服务专业性	5□ 4□ 3□ 2□ 1□
服务效率	5□ 4□ 3□ 2□ 1□
业务办理正确率	5□ 4□ 3□ 2□ 1□
意见或建议	

附件4

综合仿真实习文档写作要求及评分标准

序号	文件夹名称	主要内容	评分标准	备注
1	公司发展战略	必须包含：战略分析（公司简介、公司使命和宗旨、内外部环境分析、内部条件）；战略选择（制订备选方案、评估备选方案、选择方案）；战略的实施与控制（资源的分配原则、实施中可能遇到的问题、备选解决方案）	结合平台实际（40%）；选择依据充分（30%）；结构完整（30%）	请注明战略执行期间：短期战略（1年以下）；中期战略（3～5年）；长期战略（5年以上）
2	公司各季度经营计划	必须包含：销售计划；生产计划（生产商）；用工计划；产品成本计划；财务计划	结合平台实际（40%）；衔接合理（30%）；结构完整（30%）	各部分内容可以填写平台相关表格，并汇总在同一文件内，注意各部分衔接
3	渠道商各季度销售计划、 专营店建设计划	各渠道商季度销售计划中应列明本季度各个区域市场销售计划、各区域市场中的产品种类、数量、销售单价、销售额预计、根据销售计划在初期算出所需专营店数量，以及每个专营店的销售额度；下一个季度的销售计划要对上一个季度销售情况做出总结，归纳出自己销售不良或者良好的方面，并且针对不良销售业绩做出原因调查和分析，诊断问题所在，并进行销售计划的调整；在销售计划调整的基础上做出专营店建设或者调整计划，比如增加、减少，升级或者转卖店铺等等决定，要有具体的量化指标	销售计划（30%） 总结分析（40%） 专营店建设计划（30%）	各个渠道商将渠道商各季度销售计划、专营店建设计划合二为一，整合成一个文档；格式不限（建议表格和文字结合进行说明）； 第一年第一季度没有总结分析，销售计划和专营店建设计划各占50%

续表

序号	文件夹名称	主要内容	评分标准	备注
4	公司各季度财务预算	生产商必须编制16张表格：销售预算表、预计现金收入计算表、生产预算表、直接材料采购预算表、预计直接材料采购金额汇总表、各产品预计直接材料成本汇总表、采购现金支出预算表、直接人工预算表、制造费用预算表、产品成本预算表、销售成本预算表、销售及管理费用预算表、设备购置预算表、现金预算表、预计利润表、预计资产负债表； 渠道商必须编制11张表格：销售预算表、预计现金收入计算表、商品采购预算表、采购现金支出预算表、商品销售成本预算表、销售费用预算表、管理费用预算表、设备购置预算表、现金预算表、预计利润表、预计资产负债表	数据结合企业实际（40%）；数据逻辑性强（30%）；内容丰富（30%）	各部分内容使用平台提供的相关表格填写，注意各部分数据衔接和逻辑关系
5	各季度公司筹资计划、投资计划	筹资计划必须包含筹资的用途、筹资金额、筹资方案、筹资渠道、筹资方式、筹资时间、筹资成本等内容。投资计划必须包含投资金额、投资金方案、投资时间、投资回报、投资可行性分析等内容	结合企业实际（40%）；内容丰富（30%）；决策合理（30%）	各部分内容建议企业设计表格填写，并汇总在同一文件内，注意各部分衔接
6	各季度公司采购计划	包括：本季度初公司原材料库存种类及数量；本季度计划采购原材料种类、数量、产地及计划价格；允许浮动价格；计划采购总额；运输费用预算	结合平台实际（40%）；数值正确（20%）；内容完整（40%）	注意按时采购，采购数量经济合理
7	各季度原材料、库存商品储运计划	包括：本季度初公司原材料库存种类及数量；本季度计划采购原材料种类、数量、产地及计划采购价格；运输费用预算；原材料及产成品出入库数量及季末库存数量；原材料及产成品当季发生仓储费；产成品运输预算	结合平台实际（40%）；数值正确（20%）；内容完整（40%）	注意仓储费用、运输费用的经济合理性
8	各季度生产线购买与建设计划	必须包含：预测生产线购置情况；分析本公司生产产品的种类和数量；生产线投资测算及资金筹措；效益初步分析	要求内容完整，结合实际，有理有据	用word文档撰写，主要进行文字说明，可以辅以表格
9	年度财务分析报告	必须包括：概括公司综合情况；对公司运营及财务现状进行财务分析；对公司的经营中存在的问题进行分析；对公司的经营情况、财务状况，从财务角度给予公正、客观的评价和预测；对运作过程中存在的问题提出改进建议	要求内容完整，结合实际，财务分析部分一定要有理有据	用word文档撰写，主要进行文字说明，可以辅以表格
10	各年度公司经营报告	包含以下五项：综述；公司总体经营结果及评价；公司经营环境；挑战与机遇；未来设想	内容完整（20%） 数据真实可靠（40%） 分析逻辑严密（40%）	公司总体经营结果包括：年度销售量、销售额，市场占有率，公司资产，盈利情况，其他重要事项

续表

序号	文件夹名称	主要内容	评分标准	备注
11	年度实习材料汇编	内容包括公司组建（含成员及组织结构框架图）、公司文化、管理制度、公司总体战略（每一年度有年度战略）、一年中的各种重大计划、年度会计报表、财务分析、年度总结、实习成效等材料	完整度（50%） 各类文件质量（50%）	
12	各季度员工需求计划	需求计划依据、需求预测、需求计划表	结合平台实际（40%）； 衔接合理（30%）； 结构完整（30%）	
13	各季度员工招聘计划	招聘目标、招聘时间、招聘渠道、招聘费用	结合平台实际（40%）； 衔接合理（30%）； 结构完整（30%）	
14	各季度员工培训计划	培训目标、培训时间、培训方式、培训费用	结合平台实际（40%）； 衔接合理（30%）； 结构完整（30%）	
15	各季度运输计划	产品运输方式的选择，运输时长、运输费用的计算	结合平台实际（40%）； 衔接合理（30%）； 结构完整（30%）	
16	各季度仓储计划	产品出入库时间、库存策略、仓储费用	结合平台实际（40%）； 衔接合理（30%）； 结构完整（30%）	
17	专营店货品配送计划	货品的配载方法、配送路线的规划、配送费用的计算	结合平台实际（40%）； 衔接合理（30%）； 结构完整（30%）	
18	各季度生产排程计划	包括：生产线类型、生产产品种类及数量，原材料期初库存、本期原材料采购种类及数量，本期季末库存种类及数量，原材料库存费用、产成品库存费用，本季度生产种类及数量，生产准备时间、产品转换时间、停工时间	结合平台实际（40%）； 数值正确（20%）； 内容完整（40%）	注意不同产品转换时间、生产准备时间及生产时间，库存费用计算方法
19	各季度公司采购计划	包括：本季度初公司原材料库存种类及数量，本季度计划采购原材料种类、数量、产地及计划价格，以及允许浮动价格，计划采购总额、运输费用预算	结合平台实际（40%）； 数值正确（20%）； 内容完整（40%）	注意按时采购，采购数量经济合理
20	各季度原材料、库存商品储运计划	包括：本季度初公司原材料库存种类及数量，本季度计划采购原材料种类、数量、产地，计划采购价格，运输费用预算，原材料及产成品出入库数量，季末库存数量，原材料及产成品当季发生仓储费，产成品运输预算	结合平台实际（40%）； 数值正确（20%）； 内容完整（40%）	注意仓储费用、运输费用的经济合理性

附件5

综合仿真实习文档检查表

（生产商适用）　　　　第　年度

序号	文档名称	公司编码			公司编码			公司编码			公司编码		
		完整情况	质量评价	备注	完整情况	质量评价	备注	完整情况	质量评价	备注	完整情况	质量评价	备注
1	公司发展战略												
2	公司各季度经营计划												
3	公司各季度财务预算												
4	各季度公司筹资计划、投资计划												
5	各季度生产排程计划												
6	各季度员工需求计划、招聘计划、培训计划												
7	各季度公司采购计划												
8	各季度原材料、库存商品储运计划												
9	各季度生产线购买与建设计划												
10	年度财务分析报告												
11	年度公司经营总结												
12	年度实习材料汇编												
	文档评分												

综合仿真实习文档检查表

（渠道商适用）　　　　第　年度

序号	文档名称	公司编码			公司编码			公司编码			公司编码		
		完整情况	质量评价	备注	完整情况	质量评价	备注	完整情况	质量评价	备注	完整情况	质量评价	备注
1	公司发展战略												
2	公司各季度经营计划												
3	公司各季度财务预算												
4	各季度专营店销售计划												
5	各季度专营店建设计划												
6	各季度融资计划、投资计划												
7	季度员工需求计划、招聘计划、培训计划												
8	各季度仓储、运输计划，专营店配送计划												
9	年度财务分析报告												
10	年度公司经营工作总结												
11	年度实习材料汇编												
	文档评分												

附件6

仿真公司违规行为处理的暂行规定

为维护综合仿真实习各项业务经营的正常秩序，贯彻诚信经营的宗旨，遵守业务规则，特对各公司经营过程中可能出现的一些违规事项制定如下处理规定，请遵照执行。

一、仿真公司出现下表中列示的违规经营行为，按照有意和无意状态进行扣分处理。

仿真公司违规经营事项处理计分表

所属机构（代码）	违规事项	处理规定						备注
		无意违规（A）			有意违规（B）			
		a逾期办理扣0.3分	b业务错误扣0.3分	c漏报项目扣0.5分	a逾期办理扣1分	b业务错误扣1.5分	c漏报项目扣2分	
工商局（G）	G-1：未办理购销合同的登记备案							
	G-2：合同备案的内容与实际不符							
	G-3：一方未按约定执行购销合同有关条款							
	G-4：未支付工人工资和“两险一金”（含未及时到工商局登记相关缴费情况）							
	G-5：未支付教育费附加和城建税（含未及时到工商局登记相关缴费情况）							
	G-6：其他违规事项							
税务局（SW）	SW-1：企业未缴纳增值税（含未及时到税务局登记缴费情况）							
	SW-2：各税项登记备案的金额与实际不符							
	SW-3：骗取出口退税或出口退税金额与实际不符							
	SW-4：未缴纳企业所得税和个人所得税等（含未及时到税务局登记相关缴费情况）							
	SW-5：其他违规事项							
银行（Y）	Y-1：转款或缴纳相关税费时未通过银行办理结算							
	Y-2：使用伪造或无效的银行支票							
	Y-3：贷款申请材料不实							
	Y-4：逾期未偿还贷款利息或本金							
	Y-5：支票填写不规范及两次以上修改已经银行签字盖章确认并入账后的票据（注：包括金额、转账对象和日期等填写错误）							

续表

所属机构（代码）	违规事项	处理规定						备注
		无意违规（A）			有意违规（B）			
		a逾期办理扣0.3分	b业务错误扣0.3分	c漏报项目扣0.5分	a逾期办理扣1分	b业务错误扣1.5分	c漏报项目扣2分	
银行（Y）	Y-6：透支使用银行存款账户							
	Y-7：期末企业与银行对账时，由于企业自身原因导致双方所记录的余额出现较大出入（企业漏报账目）							
	Y-8：其他违规事项							
第三方物流（D）	D-1：租赁车辆运输能力不能满足需运输物品的体积要求							
	D-2：运输时长与运输要求、运输方式不符合规定							
	D-3：配送中心的仓储能力与实际存储量不符							
	D-4：渠道商运输货物时长与配送时长不符合规定							
	D-5：配送中心到店铺的货物运输频率未按规定执行							
	D-6：未按规定支付运费							
	D-7：销售合同数据、运力排程表数据、销售出库单数据不符							
	D-8：未按规定支付各项仓储费、管理费、运营费等							
	D-9：其他违规事项							
人才中心（R）	R-1：用人单位发布招聘广告不规范							
	R-2：未按规定解雇员工							
	R-3：未按规定支付岗前培训费用							
	R-4：未按规定时间办理签收手续							
	R-5：违规安排加班							
	R-6：用工单位虚构企业员工数量							
	R-7：用工单位虚构企业员工等级							
	R-8：用工单位未按规定晋升员工等级							
	R-9：未按生产需要招聘或安排相匹配的员工							
	R-10：未按销售需要招聘或安排相匹配的员工							
	R-11：其他违规事项							

续表

所属机构（代码）	违规事项	处理规定						备注
		无意违规（A）			有意违规（B）			
		a逾期办理扣0.3分	b业务错误扣0.3分	c漏报项目扣0.5分	a逾期办理扣1分	b业务错误扣1.5分	c漏报项目扣2分	
海关（H）	H-1：《报关单》信息缺项							
	H-2：《货物运输保险单》信息缺项							
	H-3：《退税申请书》退税金额错误							
	H-4：《一般原产地证明书申请书》信息漏填							
	H-5：自理报关注册登记申请书不盖章							
	H-6：未在营业时间办理业务							
	H-7：其他违规事项							
审计事务所（SJ）	SJ-1：不及时办理验资或年报审计							
	SJ-2：公司章程不规范							
	SJ-3：内部制度不健全							
	SJ-4：未及时获取原始凭证							
	SJ-5：未及时编制记账凭证							
	SJ-6：未及时汇总记账凭证							
	SJ-7：账簿登记不及时、不规范							
	SJ-8：报表编制不及时、不准确							
	SJ-9：审计资料报送不及时、不完整							
	SJ-10：其他违规事项							
信息中心（X）	X-1：未及时上报相应信息表格							
	X-2：提交信息不完整或有错误							
	X-3：渠道商发布需求价格和生产商响应订单价格超出规定范围							
	X-4：未在规定时间段办理当季相关业务（如缴纳水电费、维修费、调试费等）							
	X-5：经济业务涉及支票、发票填写错误、涂改或者伪造支票							
	X-6：其他违规事项							

二、同一公司、同一时间（季度）、同项业务所出现的分属不同职能部门管理的违规业务行为不重复扣分。

三、为统计方便，各外围机构以填报“仿真企业业务违规记录表”（见附表1）的形式处理违规事宜。

四、违规行为处理程序为：外围机构各职能部门负责各自业务范围内的核查工作，首先核查出违规行为的机构须填写“仿真企业业务违规记录表”，经相关企业的指导老师确认后，由各外围机构扣分，填写附表1，并每年汇总一次（见附表2），上报总指导部。总指导部根据团队考核要求汇总，计入团队考核成绩。

五、本暂行规定自公布之日起执行。

附表1

仿真企业业务违规记录表

填报机构：

□A / □B区

企业名称	违规业务（代码）	发生时间（季/年）	扣分项目（代码）	扣分	机构指导老师确认	企业指导老师确认	备注

填表说明：1.企业名称填写企业代号，例如，生产商A01填写为“SA01”。2.违规业务和扣分项目以代码形式填写，例如，某企业发生“未办理购销合同的登记备案”事项，但属无意违规，则违规业务栏记录为“G-1”，扣分项目栏记录为“A-c”。

附表2

仿真企业业务违规情况汇总表

填报机构：

□A / □B区

企业名称	违规业务（以代码列出）	发生时间（季/年）	扣分项目（以代码列出）	累计扣分	备注

附件7

综合仿真实习团队专题分析报告选题列表

一、生产商选题列表

1.仿真实习公司生产计划制订依据探索

2.生产制造业税负水平分析

3.出口退税对我国出口贸易的影响分析

4.企业管理业务流程优化与信息系统建设

5.生产制造业增值税的税收筹划

6.以成本和市场需求为导向的定价决策方法的比较

7.企业融资途径及策略研究

8.生产制造企业税务筹划

9.战略管理对企业竞争力的影响分析

10.新出口退税政策对企业的影响及对策分析

11.企业广告策略探究
12.差异化营销与制造企业竞争优势构建的关系分析
13.企业营销模式分析
14.论内部审计在企业内部控制中的运用
15.仿真实习公司销售计划制订依据探索
16.制造企业最优生产规模的选择与思考
17.财务部门与其他职能部门关系的探讨
18.财务部门与外围机构关系的探讨
19.企业文化建设与核心竞争力之间的关系分析
20.薪酬制度安排探析
21.影响企业销售额的因素分析

二、渠道商选题列表

1.企业文化建设与核心竞争力之间的关系分析
2.渠道销售公司与供应商间的博弈研究
3.企业战略与企业信息系统的规划和实施
4.企业CEO如何有效地管理企业
5.统计方法在公司经营中的作用与应用
6.渠道商行业协会建设研究
7.营销专业知识在企业实践中的运用
8.SWOT分析法在企业中的应用
9.渠道商海外市场开拓问题研究
10.渠道商之间协作与竞争问题研究
11.绩效考评方案的设计及适应性思考
12.企业核心价值观与企业发展问题研究
13.利润最大化原则在营利性公司的应用
14.关于仿真实习与专业素质拓展关系的思考
15.渠道商扩张战略研究
16.企业财务部门与其他职能部门关系协调问题与思考

三、外围机构选题列表

（一）信息中心
1.关于提高信息收集、整理速度的思考
2.关于提高统计数据真实性的思考
3.关于仿真实习平台统计数据利用问题的思考
4.统计方法在仿真实习平台上的具体应用
5.信息中心在仿真实习平台中的职能的探讨
（二）证券交易所
1.仿真实习平台中证券发行与交易规则问题探析
2.仿真实习平台中银行贷款规则问题探析
（三）拍卖行
1.关于仿真实习平台中有关拍卖业务规则的问题的思考
2.如何有效地开展拍卖业务
（四）人才交流中心、第三方物流服务中心、工商局、税务局、海关
1.关于完善部门业务规则的探讨

2.关于提高行政效率，营造和谐社会的探讨
3.关于提高仿真实习中部门工作效率的探讨
4.关于企业合理配置人员的建议
5.关于企业降低人工成本的建议
6.关于渠道商自营和租赁店铺经营效益的比较分析
7.对提高企业物流工作的建议
8.对仿真实习中“走私”现象的分析
9.关于仿真实习中加强工商（税务）的监察职能的思考
10.关于生产制造业税负水平的分析
11.关于渠道商税负水平的分析
（五）银行
1.银行业务流程优化与效率分析
2.关于仿真企业信用等级评价问题的探讨
3.信用贷款管理中的问题及对策分析
4.关于银行风险控制体系构建问题探讨
5.仿真商业银行操作风险管理问题探析
（六）审计事务所
1.审计事务所如何发挥审计的作用
2.企业内部控制制度的要点
3.企业如何发挥内部审计的职能
4.注册会计师审计与内部审计的区别
附件8

公司LOGO

该封面底图各公司/机构自行设计，最好不要是单调的白底黑字

综合仿真实习
团队专题分析报告

选题名称：______________________________

公司/机构简称：________________________

公司或机构名称：______________________

目　录

（目录中只出现一级标题，行距为1.5倍，小四号字，页码右端对齐）

单位成员简介

姓名	专业	学院	公司职位	主要职责	负责报告
张三	工商管理	管理学院	CEO	××××	P1－P10

说明：

一、一级标题（四号字，加粗）

1.二级标题（小四号字，加粗，左缩进2个字符）

1.1三级标题（五号字，左缩进2个字符）

（正文五号字，段落行距都是1.5倍）

备注：

1.《综合仿真实习团队专题分析报告》字数不得少于2 000字。

2.《综合仿真实习团队专题分析报告》的电子文档命名规则：公司/机构简称+选题名称，例如“AS11在企业运营中财务部门如何发挥控制管理作用”。电子版存放于各自FTP的“1.提交给指导教师的定稿成果\1.3团队专题分析报告”文件夹中。

3.页眉：《综合仿真实习团队专题分析报告》由多人完成，请在页眉中体现（如：财务部张三、李四、王五）；页脚：共 页第 页（居中）。

4.表格尽量调整为一页以内，以方便阅读为原则；表格的编号和标题要置于表格上方正中，图的编号和标题要放在相应图的正下方；所有图表的线条为实线。

附件9

综合仿真实习公司CEO/机构负责人评分表

机构名称：

组号	CEO姓名	学号	姓名	行政班级	担任岗位职务	工作态度（8%）	工作量大小（6%）	工作成果（8%）	公司CEO/机构负责人评总分（22%）

附件10

综合仿真实习个人年度总结

年　月　日

学号		姓名	
实习单位：			
实习所属公司/机构简称：		实习岗位	
实习所属公司/机构名称：			
本年度工作内容			

续表

本年度工作完成情况及建议、改进措施	
本年度成果文档列表	
下年度工作计划	

附件11

综合仿真实习
个人实习报告

院　　系：________________

专　　业：________________

学　　号：________________

姓　　名：________________

指导教师：________________

提交日期：______年____月____日______

实习公司/机构简称：____________

×××××××××××××××　制

实习报告成绩________________

评语：

指导教师（签名）________________

年 月 日

说明：指导教师评分后，实习报告交指定机构保存。

个人实习报告内容要求与排版要求如下：

1.个人实习报告字数要求不少于3 000字，不多于5 000字。实习报告内容不少于三部分（用一级标题列示），主要内容如下：

第一部分是对所在实习单位基本情况与所从事岗位的职责进行简单描述，字数控制在300字内；

第二部分是阐述实习项目、实习内容、存在问题与改进措施等，字数必须在2 000字以上；

第三部分是在实习期间的感受、体会、对实习的认识、实习收获、意见与建议等方面内容，字数在800字以上。

2.个人实习报告排版统一用A4格式；页面设置用默认设置。

3.标题用小二号黑体加粗，正文中的一级标题用四号宋体，正文用小四号宋体。行距为固定值20磅。

4.个人实习报告页码从正文页面起计算。页码字号，选用小四号粗黑体并居中。